그림으로 보는 로마 이야기

⊙ **사진 제공**
CC BY-SA Gustavo La Pizza(151쪽 산타 마리아 델리 안젤리 에 데이 마르티리 성당)

그림으로 보는 로마 이야기 ❺

초판 1쇄 발행 2024년 7월 20일

글 위문숙 | **그림** 송영훈 | **감수** 정기문

발행인 오형석
편집장 이미현 | **편집** 정은혜 | **디자인** 이희승
발행처 (주)계림북스
신고번호 제2012-000204호 | **등록일자** 2000년 5월 22일
주소 서울시 마포구 창전로 74 여촌빌딩 3층
대표전화 (02)7079-900 | **팩스** (02)7079-956
도서문의 (02)7079-913
홈페이지 www.kyelimbook.com

ⓒ 계림북스, 2024
이 책에 실린 글과 그림, 사진의 무단 전재나 복제를 금합니다.

ISBN 978-89-533-3558-5 74920 | 978-89-533-3547-9(세트)

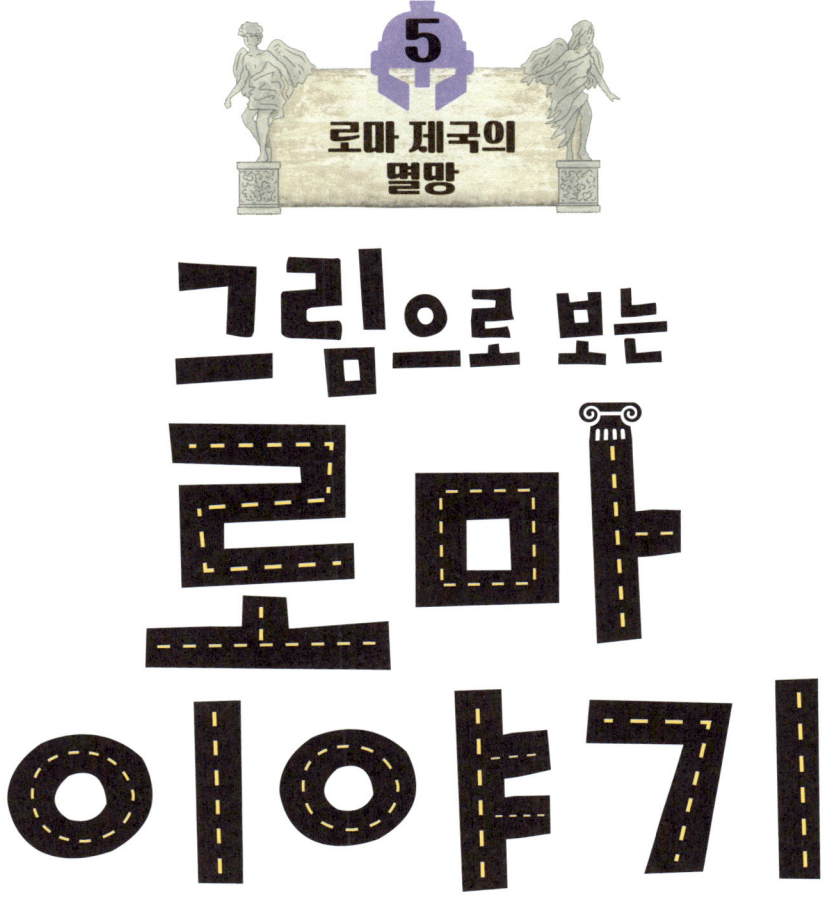

그림으로 보는 로마 이야기

5 로마 제국의 멸망

글 위문숙 | 그림 송영훈 | 감수 정기문

계림북스

두근두근, 짜릿짜릿! 신기하고 놀라운 로마 이야기

들어가는 말

여의도 두 배 크기의 조그만 마을에서 시작하여 이탈리아반도를 차지하고 아프리카와 유럽과 아시아까지 뻗어 나간 나라는? 바로 로마랍니다.

로마 군대는 세계 곳곳을 점령했으며 로마인들은 큰소리 떵떵 치며 살았어요. 그렇게 세계를 호령하던 로마 제국은 어느 순간 힘을 잃더니 기운을 회복하지 못하고 사라졌어요. 사람들은 작은 마을에 불과했던 로마가 어떻게 다른 나라들을 쥐락펴락할 수 있었는지, '모든 길은 로마로 통한다.'라는 말이 나올 만큼 초강대국이던 로마는 왜 멸망했는지 궁금했어요.

〈그림으로 보는 로마 이야기〉를 펴는 순간 여러분의 궁금증이 시원하게 풀릴 거예요. 또한 이 책에서는 로마의 일인자가 되려고 비장한 마음으로 루비콘 강을 건너던 카이사르와 로마를 무찌르고자 알프스산맥을 넘은 한니발 등 영웅들의 이야기도 만날 수 있어요. 검투사가 된 황제와 오줌을 팔아서 돈을 번 황제의 이야기도 엿볼 수 있답니다. 두근두근, 짜릿짜릿, 신기하고 놀라운 로마의 세계로 함께 출발해 볼까요?

위문숙

차례

로마 제국의 시작

- 으뜸 시민이 된 옥타비아누스 ········· 12
  - 옥타비아누스는 속마음을 감췄어요
  - 프린켑스 호칭을 받았어요
  - 로마인의 환심을 샀어요
  - 로마에 첫 번째 황제가 나타났어요

- 아우구스투스의 특권 ················· 20
  - 아우구스투스는 원로원을 구슬렸어요
  - 아우구스투스에 대한 의심이 사라졌어요
  - 로마는 무늬만 공화정이었어요
  - 아우구스투스는 어떤 업적을 남겼을까요?

- 후계자를 찾아라! ··················· 28
  - 하나의 큰 가문을 만들었어요
  - 아우구스투스는 손자를 양자로 삼았어요
  - 티베리우스가 업적을 쌓았어요
  - 공동 통치자를 내세웠어요

로마 이야기 배움터 ··················· 36
많다 많아, 로마의 신

로마 이야기 놀이터 ··················· 38
틀린 것 고르기

권력을 휘두르는 황제들

- 티베리우스는 좋은 황제? 나쁜 황제? ········· 42
  - 티베리우스는 군주정을 확고히 다졌어요
  - 로마 시민들은 티베리우스가 못마땅했어요
  - 카프리섬에 은둔했어요

- 칼리굴라와 클라우디우스 ············· 48
  - 새로운 황제가 나타났어요

로마의 흥망성쇠

- 칼리굴라는 신이 되고 싶었어요
- 황제와 원로원이 맞섰어요
- 인기가 바닥으로 떨어졌어요
- 칼리굴라의 숙부가 새로운 황제로 임명되었어요
- 황제의 권한이 더욱 커졌어요

• 폭군 네로 ·· 60
- 클라우디우스는 칼리굴라의 여동생과 재혼했어요
- 네로가 황제 자리에 올랐어요
- 네로와 어머니의 갈등이 깊어졌어요
- 네로의 악행과 사치는 계속되었어요
- 수도 로마가 불탔어요

로마 이야기 배움터 ································· 70
네로의 노래

로마 이야기 놀이터 ································· 72
알맞은 것끼리 연결하기

• 혼란으로 가득 찬 시기 ··························· 76
- 갈바가 황제로 등장했어요
- 오토가 반란을 일으켰어요
- 비텔리우스가 로마를 차지했어요

로마 이야기 배움터 ································· 82
로마 제국의 국경선이 된 라인강과 도나우강
- 평민 출신 황제가 최초로 등장했어요
- 티투스가 왕위를 이었어요

• 5현제의 번영 ·· 88
- 5현제 시대가 시작되었어요
- 로마의 영토가 커졌어요
- 국경이 안정되었어요

로마 이야기 배움터 ································· 94
디아스포라가 무엇일까?
- 5현제 시대가 막을 내렸어요

- 로마의 위기 ·· 98
  - 황제가 검투사처럼 행세했어요
  - 황제 자리를 두고 옥신각신 다퉜어요
  - 황제가 로마에 발도 들이지 못했어요
  - 거미줄을 수집하는 황제가 나타났어요

로마 이야기 놀이터 ································ 106
순서대로 번호 쓰고 이야기 만들기

군인 황제 시대

- 농민 집안부터 아랍 출신까지 ················ 110
  - 군단에서 황제를 정했어요
  - 농장주들이 새로운 황제를 추대했어요
  - 원로원은 공동 황제를 임명했어요
  - 아랍 출신이 황제가 되었어요

로마 이야기 배움터 ································ 118
로마에 맞선 사산 왕조 페르시아

- 로마의 분열 ·· 120
  - 고트족이 쳐들어왔어요
  - 황제들이 전사하거나 포로로 붙잡혔어요
  - 로마가 쪼개졌어요
  - 기병대 대장이 황제가 되었어요

로마 이야기 배움터 ································ 128
기병대의 입김이 세졌어요

- 로마의 통합과 이민족 ·························· 130
  - 분열된 로마를 하나로 합쳤어요
  - 이민족이 국경을 어지럽혔어요
  - 병사들이 곡괭이를 들었어요
  - 군인 황제 시대가 끝났어요

로마 이야기 놀이터 ································ 138
다른 그림 찾기

제국의 변화

- 황제의 권력을 강화한 디오클레티아누스 ········ 142
    - 강력한 황제가 등장했어요
    - 로마를 나눠서 방어했어요
    - 로마인들은 죽을 맛이었어요
    - 크리스트교를 박해했어요

로마 이야기 배움터 ································ 150
디오클레티아누스 목욕장

    - 황제가 스스로 물러났어요

- 콘스탄티누스 황제와 로마의 통일 ············ 154
    - 콘스탄티누스가 서방 황제로 올라섰어요
    - 크리스트교를 공식적으로 인정했어요
    - 로마는 다시 하나가 되었어요
    - 수도를 비잔티움으로 옮겼어요
    - 새로운 변화를 일으켰어요
    - 세 아들에게 로마를 물려주었어요

- 로마의 최종 분할 ································ 166
    - 테오도시우스가 황제에 올랐어요

로마 이야기 배움터 ································ 168
테살로니키 학살

    - 서로마와 동로마로 나뉘었어요
    - 게르만족이 몰려왔어요
    - 크리스트교의 권위가 높아졌어요
    - 서로마가 멸망했어요
    - 동로마 제국은 약 천 년 동안 이어졌어요

로마 이야기 배움터 ································ 180
성 소피아 대성당의 변신

로마 이야기 놀이터 ································ 182
보드게임

로마 이야기 놀이터 정답 ························ 184

〈부록〉 로마 제국 연표

옥타비아누스는 경쟁자였던 안토니우스를 악티움 해전에서 물리치며 로마의 일인자로 올라섰어요. 옥타비아누스는 왕이 되려던 카이사르의 최후를 기억했어요. 그래서 속마음을 감춘 채 황제라는 호칭도 거부했으며 원로원에 모든 권한을 돌려주겠다고 틈만 나면 말했지요. 그러면서도 로마를 쥐락펴락했어요.

사실상 로마는 공화국에서 제국으로 바뀌었으며 황제의 권위는 높아졌어요.

로마 제국의 시작

으뜸 시민이 된 옥타비아누스

옥타비아누스는 속마음을 감췄어요

로마의 정치가이자 철학자인 키케로는 카이사르가 죽자 쌍수를 들어 환영했어요. 옥타비아누스는 그런 사실을 알면서도 키케로를 찾아가 허리를 굽히며 조언을 구했어요. 또한 아버지라고 부르며 존경심을 드러냈지요. 키케로는 어린 옥타비아누스를 이용해서 안토니우스를 몰아내고 공화정을 굳건히 세우고자 했어요.

로마 제국의 시작

"이 애송이를 적당하게 이용해 먹고 구실을 붙여 쫓아냅시다!"
키케로는 원로원 회의에 참석해 이렇게 말하며 옥타비아누스를 대놓고 무시했어요. 그러나 키케로는 결국 옥타비아누스를 쫓아내지 못했어요. 오히려 안토니우스의 숙청 명단에 이름이 오르는 바람에 죽음을 맞이했지요. 당시 옥타비아누스는 키케로를 살리려고 굳이 애쓰지 않았어요.

프린켑스 호칭을 받았어요

안토니우스와의 전투에서 승리한 옥타비아누스는 카이사르와 클레오파트라의 아들인 카이사리온을 죽이며 이런 말을 남겼어요.
"카이사르는 2명이 아니라 1명만 있어야 한다."
기원전 29년, 옥타비아누스는 로마에서 웅장하고 화려한 개선식을 사흘간 열었어요. 얼마 뒤에는 훗날 자신이 묻힐 90미터 길이의 3단짜리 거대한 영묘를 짓기 시작했지요. 옥타비아누스는 왕에게 어울리는 영묘를 건설하며 일인자의 꿈에 슬쩍 다가서고 있었어요.

로마 제국의 시작

옥타비아누스는 카이사르가 쓰던 '임페라토르' 즉 '최고 사령관'이라는 호칭을 물려받았어요. 로마군을 지휘할 권리까지 보장받았다는 뜻이에요. 그렇지만 왕위를 차지하려던 카이사르처럼 보일까 봐 염려되었는지 '프린켑스'라는 호칭을 주로 사용했어요. 프린켑스는 어떤 무리 가운데 일인자를 뜻하는 라틴어예요. 원로원에서 가장 권위가 높은 사람을 '원로원의 프린켑스'라고 불렀어요. 옥타비아누스는 이 칭호를 사용함으로써 자신이 왕이 아니라 시민 가운데 일인자일 뿐이라고 내세웠지요.

로마인의 환심을 샀어요

옥타비아누스는 서민들의 환심을 얻으려고 각종 혜택을 줬어요. 개선식을 마친 뒤에 당시 로마 인구 100만여 명 중 25만여 명의 시민에게 400세스테르티우스씩 나눠 주었어요. 20만여 명에게는 밀을 무료로 나눠 주었고 선물까지 종종 안겨 주었지요. 식민지로 옮겨 간 퇴역 군인 12만여 명에게는 각각 1,000세스테르티우스를 지급했어요. 당시 병사의 1년 치 급여가 900세스테르티우스였으니 상당히 큰 금액이었지요. 그뿐만 아니라 로마의 신들을 모시는 신전도 새롭게 단장했어요.

로마 제국의 시작

원로원 의원의 수는 카이사르 때 900명까지 늘어났어요. 의원 중에는 로마 본토가 아닌 속주에 거주하는 시민도 적지 않았어요. 로마에서 태어나 지도층에 오른 의원들은 마구 늘어나는 원로원 의원 수에 불만이 많았지요. 게다가 안토니우스를 따라갔던 의원들까지 용서받고 돌아온 바람에 의원 수가 천 명이 넘었어요. 의원들이 의사당에 다 못 들어갈 정도에 이르자 옥타비아누스는 의원 수를 과감하게 600명으로 줄였어요.

로마에 첫 번째 황제가 나타났어요

개선식이 끝나고 2년이 지났을 때 옥타비아누스는 원로원 의원들 앞에서 로마를 공화정으로 돌려놓겠다고 선포했어요.
"나에게 집중된 모든 권력을 여러분 손에 넘겨주겠소."
의사당에 잠시 침묵이 흐르다가 환호성이 터져 나왔어요. 원로원 의원들은 카이사르 이후로 권력을 빼앗겼다고 불평하던 차였어요. 그런데 막강해진 옥타비아누스로부터 권력을 돌려준다는 말을 듣자 기쁨을 감추지 못했어요. 원로원 의원들은 로마를 다시 쥐락펴락할 수 있을 거라 기대했지요.

로마 제국의 시작

원로원은 옥타비아누스에게 '존엄한 자'라는 뜻의 '아우구스투스'라는 칭호를 부여했어요. 옥타비아누스의 이름은 '임페라토르 율리우스 카이사르 아우구스투스'로 바뀌었어요. 아우구스투스는 권력을 내놓는 대신 권위를 얻은 셈이었지요. 아우구스투스가 사는 집의 현관 기둥은 영광과 승리를 상징하는 월계수 가지와 잎으로 꾸며졌어요.

또한 아우구스투스의 공로를 높이 평가한다는 내용의 글을 황금 방패에 새겨서 의사당에 세워 놓았지요. 기원전 27년, 겉으로 보기에 공화정인 로마에 사실상 첫 번째 황제가 등장한 순간이었어요.

아우구스투스의 특권

아우구스투스는 원로원을 구슬렸어요

아우구스투스는 카이사르가 죽으면서 갖게 된 특권을 내려놓았어요. 삼두 정치 특권과 총사령관의 특권, 특별세를 속주에 부여할 권한 등이었지요. 그런데 자세히 들여다보면 이미 쓸모없는 특권이었어요. 삼두 정치 특권은 안토니우스와 레피두스가 죽었으니 있으나 마나였고 내전이 마무리되어서 총사령관은 어차피 사임해야 할 자리였지요.

로마 제국의 시작

마지막으로 속주에 특별세를 부과한 적이 없으므로 이 특권 역시 아쉽지 않았어요. 아우구스투스는 원로원의 위신을 세워 주려고 애를 썼어요. 아프리카 속주와 시칠리아 속주, 갈리아 속주 등 몇몇 속주는 원로원에서 파견한 총독에게 맡겼어요. 이를 '원로원 속주'라 불렀지요. 아울러 원로원의 속주에서 전투가 벌어져 승리하면 원로원의 이름으로 개선식을 성대하게 치러 주었어요. 그 결과 군대를 앞세워 얻은 아우구스투스의 불안한 권력은 원로원의 지지를 받기 시작했어요.

아우구스투스에 대한 의심이 사라졌어요

아우구스투스가 로마를 통치한 지 4년이 지났을 때였어요. 심한 병으로 앓아누웠는데 자칫하면 목숨이 위태로운 상황에서 정권을 누구에게 맡길지 로마인들의 관심이 쏠렸어요.

"보나 마나 충성을 바치는 아그리파에게 맡기겠지. 군단 지휘권은 사위인 마르켈루스에게 넘겨줄 거야."

그러나 아우구스투스는 개인적으로 갖고 있던 재산만 상속자에게 물려주고 자금 관리와 군단 지휘권을 집정관인 피소에게 맡겼어요. 피소는 공화정의 강력한 지지자로 널리 알려진 인물이었지요.

아우구스투스야말로 왕이나 다름없지 않냐고 투덜댔던 사람들은 깜짝 놀랐어요. 원로원 역시 아우구스투스는 공화정 대신 군주정을 원한다고 의심하다가 생각을 바꿨지요. 만약 그때 아우구스투스가 후계자에게 권력을 넘겨주겠다고 발표했다면 반란이 일어났을지도 몰라요.

건강을 되찾은 아우구스투스는 집정관 자리에서 물러났어요. 귀족들은 집정관에 오를 기회가 생겼고, 공화주의자들은 마음을 놓았어요.

아우구스투스가 로마군과 속주의 지휘권까지 내려놓겠다고 선언하자 원로원 의원들은 로마를 버리지 말라고 간청했어요.

로마는 무늬만 공화정이었어요

아우구스투스는 못 이기는 척 몇몇 속주와 로마군의 지휘권을 받아들였어요. 아우구스투스가 맡은 속주는 반란이 일어나거나 이민족이 침입하던 지역이라서 군단이 주둔해야만 했어요. 반면에 원로원 의원들은 군단이 필요 없는 안전하고 편안한 속주를 맡았어요.

아우구스투스는 집정관을 내려놓은 대신 호민관 특권을 부여받았어요. 따라서 평민 집회를 소집해 정책을 내놓거나 거부권을 행사할 수 있었지요. 게다가 금화와 은화의 발행권까지 손에 쥐고 있어서 군단뿐만 아니라 경제까지 장악한 모양새가 되었어요.

아우구스투스가 다스리던 시절에 로마인들은 로마를 '제국'이 아니라 '공화국'이라고 불렀어요. 아우구스투스도 황제와 관련된 호칭을 사용한 적이 없었어요. 그러나 군 지휘권을 가졌고 호민관처럼 거부권을 행사했어요. 집정관 역시 자기 입맛에 맞는 인물을 앉혔어요. 집정관보다 강력한 권력을 휘두르는 셈이었지요. 몇 년 뒤에는 최고 제사장 자리에 올랐으며 기원전 2년에는 원로원으로부터 '국가의 아버지'라는 칭호를 받았답니다.

아우구스투스는 어떤 업적을 남겼을까요?

아우구스투스는 수도인 로마에 경찰청과 소방청을 만들어 치안을 책임지고 화재 진압을 하게 했어요. 또한 자신의 경호를 맡기려고 근위대를 새로 만들었어요. 훗날 근위대는 황제를 제거하고 새로운 황제를 추대하는 등 강력한 존재로 떠올라요. 그리고 '군인 연금 기금'을 만들어 군대에서 제대한 병사들에게 연금을 지급했어요.

아우구스투스의 세금 제도는 로마 제국에 안정을 가져왔어요. 예전에는 필요하면 아무 때나 속주에서 세금을 걷었으므로 속주민의 불만이 높았어요. 아우구스투스는 인구 조사를 실시한 뒤 이를 바탕으로 속주마다 내야 할 세금을 정했어요. 세금 걷는 일도 민간 세금 징수원인 세리에게 맡기지 않고 나라에서 일하는 세금 담당 관리가 맡도록 했어요. 세리들은 세금을 정해진 액수보다 많이 걷어 악명이 높았거든요. 아울러 평화의 제단과 카이사르 신전, 마르켈루스 극장 등 수많은 건축물을 지었어요.

세금은 내가 정확히 걷는다!

자, 로마를 상징하는 건물도 지어야지.

세금 담당 관리

마르켈루스 극장

후계자를 찾아라!

하나의 큰 가문을 만들었어요

아우구스투스는 세 번 결혼했으나 아들을 얻지 못했고 딸도 1명뿐이었어요. 후계자가 필요했던 아우구스투스는 결혼이나 입양을 통해 하나의 큰 가문을 이루고자 노력했어요. 특히 명문 가문의 귀족들과 친인척을 맺었어요. 크라수스나 레피두스, 술라 등 로마를 좌지우지하던 집안과 견고한 사이가 되었다는 뜻이에요. 아우구스투스는 가문을 중요하게 여겼기에 누군가 친인척을 공격하면 가차 없이 해치웠어요.

로마 제국의 시작

아우구스투스는 누나인 옥타비아의 아들 마르켈루스를 일찌감치 후계자로 점찍었어요. 그래서 외동딸인 율리아와 결혼시켰어요. 그런데 마르켈루스는 젊은 나이에 병들어서 죽었어요. 아우구스투스로서는 조카이자 사위이며 가장 기대했던 후계자를 잃은 셈이었지요.

아우구스투스는 자신의 친구이자 오른팔이었던 아그리파를 사위로 삼았어요. 아우구스투스가 악티움 해전에서 승리할 수 있었던 것도 아그리파 덕분이었지요. 아그리파는 이혼한 뒤 율리아와 결혼했어요.

아우구스투스는 손자를 양자로 삼았어요

아우구스투스의 딸인 율리아는 아그리파와 결혼해 5명의 자녀를 낳았어요. 아우구스투스는 그중에서 가이우스와 루키우스를 후계자로 점찍고 양자로 삼았어요. 그리고 소년들의 신체를 단련시키고 협동 정신을 키우겠다며 유벤투스라는 소년단을 조직한 뒤 둘을 총재와 부총재 자리에 앉혔어요. 그런데 안타깝게도 루키우스는 십 대에 군대 경험을 쌓으러 에스파냐로 출동했다가 병에 걸려 죽었어요. 곧이어 가이우스도 칼에 찔린 상처가 덧나서 젊은 나이에 사망하고 말았지요.

로마 제국의 시작

나이가 들어 후계자들을 갑자기 잃은 아우구스투스는 할 수 없이 자신과 피 한 방울 섞이지 않은 티베리우스를 양자로 맞이했어요. 티베리우스는 아내 리비아가 데려온 의붓아들이었지요. 원로원은 아우구스투스의 요청에 따라 티베리우스에게 10년 기한의 호민관 특권을 부여했어요. 그리고 내각의 위원으로 임명했어요. 내각은 아우구스투스와 집정관 2명, 각 부 장관, 원로원 대표 20명으로 구성된 권력 기관이었어요. 원로원은 티베리우스를 반대하지 않았어요. 티베리우스는 군사적 능력이 뛰어난 데다 친아버지가 생전에 원로원파였거든요.

티베리우스가 업적을 쌓았어요

티베리우스가 이름을 널리 알리게 된 건 오늘날의 유럽 중동부에 자리 잡은 판노니아와 달마티아 속주의 반란을 진압하면서부터예요. 반란을 일으킨 부족들의 병력은 보병 20만여 명에 기병 9천여 명이었어요. 반란군은 속주에 살던 로마인들을 무참히 살해한 뒤 로마군이 주둔한 곳까지 습격했지요. 아우구스투스는 부랴부랴 원로원으로 달려가 대책을 의논했어요.

로마 제국의 시작

로마는 반란군에 맞서기로 했고, 로마군을 이끌 총사령관으로 티베리우스가 임명되었어요. 티베리우스는 6만여 명의 병사로 20만 명이 넘는 반란군에 맞서야 했지요. 적은 수의 병사를 잘 활용하기 위해 티베리우스는 본토가 아닌 주변 지역을 초토화하는 전술을 썼어요.

굶주림과 질병에 시달리던 반란군들은 추운 겨울이 되자 더는 참지 못하고 항복했지요. 이 반란을 완전히 진압하기까지 무려 3년이 걸렸어요. 티베리우스는 반란군을 무찌른 덕에 후계자의 자리를 탄탄히 다졌어요.

공동 통치자를 내세웠어요

기원후 14년, 로마 제국 전역에서 세금과 관련된 조사를 진행했는데 티베리우스의 이름이 공동 통치자로 등장했어요. 아우구스투스는 티베리우스에게 자기가 가진 모든 특권을 넘겨주며 자리에서 서서히 물러났어요. 자신의 장례 절차도 준비해 놓았고 후계자를 적어 둔 유언장도 완성되었지요.

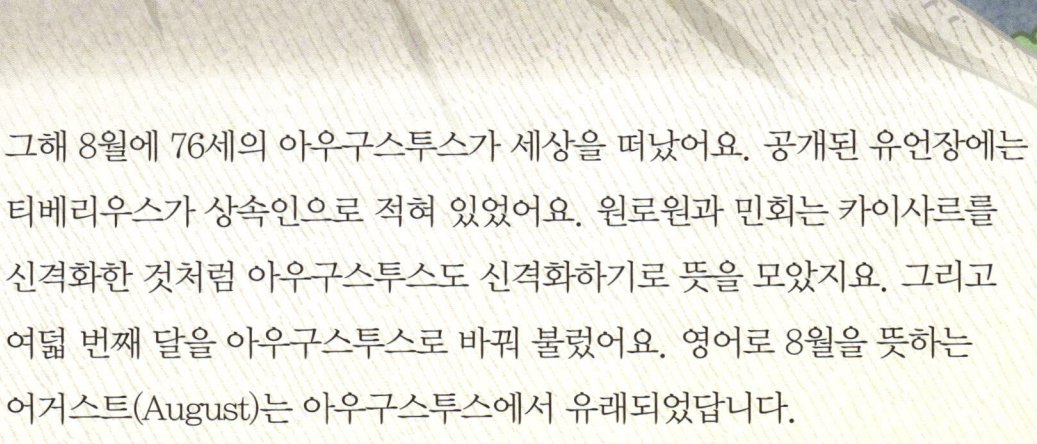

그해 8월에 76세의 아우구스투스가 세상을 떠났어요. 공개된 유언장에는 티베리우스가 상속인으로 적혀 있었어요. 원로원과 민회는 카이사르를 신격화한 것처럼 아우구스투스도 신격화하기로 뜻을 모았지요. 그리고 여덟 번째 달을 아우구스투스로 바꿔 불렀어요. 영어로 8월을 뜻하는 어거스트(August)는 아우구스투스에서 유래되었답니다.

이후 로마 황제들은 이름을 지을 때 아우구스투스와 카이사르를 넣었어요.

로마 이야기 배움터

많다 많아, 로마의 신

로마인들이 섬기는 신은 수백 명에 이르렀어요. 심지어 카이사르나 아우구스투스와 같은 통치자들도 죽은 뒤에 신처럼 모셨지요. 그런데 로마 신은 그리스 신과 이름만 다를 뿐 거의 비슷했어요. 예를 들어 그리스의 제우스는 로마에서 유피테르가 되었으며, 헤라는 로마에서 유노라고 불렸어요. 로마인들은 전쟁의 신인 마르스를 자신들의 수호신으로 여겼어요. 로마를 세운 로물루스가 마르스의 아들이라고 전해지거든요. 마르스는 농업의 신인 동시에 농부들의 땅을 지키기 위한 전쟁의 신이었어요.

로마인들은 세 번째 달에 마르스의 이름을 붙였어요. 3월을 뜻하는 영어 마치(March)는 마르스의 라틴어인 마르티누스에서 유래되었지요.

로마 이야기 놀이터

로마는 공화국에서 제국으로 바뀌면서 황제의 권위가 높아졌어요. 다음 그림을 보고 틀린 것을 두 개 골라 네모 칸에 V해 보세요.

옥타비아누스는 일인자라는 뜻을 가진 프린켑스라는 칭호를 사용했어요.

옥타비아누스는 공화주의자로, 원로원 의원 수를 늘렸어요.

원로원은 옥타비아누스에게 '존엄한 자'라는 뜻의 아우구스투스 호칭을 부여했어요.

수도인 로마에 경찰청과 소방청, 근위대를 만들고 세금 담당 관리를 두었어요.

아우구스투스는 후계자를 정하지 못하고 갑작스럽게 죽었어요.

원로원이나 로마 시민들은 왕 혼자 통치하고 왕위를 물려주는 군주정을 꺼렸어요. 그러나 **아우구스투스의 현명한 정치로 시간이 흐를수록 한 사람의 통치를 당연하게 받아들였지요.** 아우구스투스가 군주정을 확립해 놓은 덕분에 후계자들은 원로원이나 로마 시민의 눈치를 볼 필요가 없었어요. 마음대로 권력을 휘두르며 로마인들을 쥐락펴락했어요. 심지어 칼리굴라와 네로 등 희대의 폭군까지 등장했어요.

권력을 휘두르는 황제들

티베리우스는 좋은 황제? 나쁜 황제?

티베리우스는 군주정을 확고히 다졌어요

아우구스투스가 세상을 떠나자 티베리우스는 원로원에 출석해 임페라토르로 승인을 받았어요. 그는 의원들 앞에서 다시 공화정을 굳건히 하려면 자신이 물러나야 한다고 주장했어요. 원로원은 티베리우스가 반대 세력을 없애기 위해 자신들을 떠본다고 여겨 티베리우스에게 뜻을 굽혀 달라고 간청했어요. 그제야 티베리우스는 어쩔 수 없다는 듯 아우구스투스의 뒤를 이었어요. 티베리우스는 아우구스투스가 세운 군주정을 확고하게 다지려고 노력했어요. 또한 공직자들에게 청렴결백한 자세를 요구했어요. 속주 총독이라도 부정한 짓을 저지르면 용서하지 않았지요. 특히 나라의 살림살이를 꼼꼼히 챙겼어요. 아우구스투스가 무리하게 영토를 넓히고 각종 건축 사업을 벌이는 바람에 국고가 텅 비어 있었거든요. 티베리우스는 공공 건축물도 거의 짓지 않았으며 아우구스투스 때부터 게르마니아에 주둔시킨 병사들을 철수시켰어요.

★**게르마니아** 고대 유럽 게르만족이 살던 지역으로, 지금의 독일·폴란드·체코·슬로바키아를 가리켜요.

권력을 휘두르는 황제들

로마 시민들은 티베리우스가 못마땅했어요

티베리우스는 로마 시민에게 검투사 시합이나 전차 경주 등의 오락거리를 제공하지 않았어요. 돈이 많이 든다는 이유에서였지요. 관리를 뽑는 것도 민회가 아니라 원로원에 맡겼어요. 그전에는 호민관과 집정관, 총독 등의 관리를 민회에서 선거로 뽑았어요. 티베리우스는 자신이 원하는 인물을 먼저 제시하고 원로원이 동의하는 방식으로 바꿨어요. 시민들은 정치에 참여할 기회를 잃어버렸고 티베리우스의 인기는 뚝뚝 떨어졌어요.

반면에 티베리우스가 양자로 들인 게르마니쿠스는 인기가 하늘을 찔렀어요. 유쾌하고 호탕한 데다 국경을 어지럽히던 게르만족을 쳐부쉈거든요. 로마 시민들은 쩨쩨하고 엄격한 티베리우스 대신 게르마니쿠스가 황제에 오르기를 바랐어요. 사실 티베리우스는 아우구스투스의 지시에 따라 게르마니쿠스를 양자로 맞이했어요. 살아생전 아우구스투스는 게르마니쿠스를 후계자로 삼고 싶었지만 게르마니쿠스가 어린 탓에 티베리우스를 징검다리처럼 끼워 놓았던 거예요. 그러던 어느 날, 동방의 전쟁터에 나갔던 게르마니쿠스가 갑자기 죽었어요. 그러자 사람들은 티베리우스를 의심했어요.

카프리섬에 은둔했어요

티베리우스는 친아들인 소 드루수스를 후계자로 염두에 두었어요. 소 드루수스는 아버지와 함께 공동 집정관이 되어 나랏일을 적극적으로 추진했어요. 원로원은 소 드루수스에게 호민관 특권을 부여했어요. 그런데 어느 날, 후계자 수업에 열중하던 소 드루수스가 갑자기 죽었어요. 결국 티베리우스는 세상을 떠난 게르마니쿠스의 두 아들을 후계자로 정했어요. 그리고 삶의 의미를 잃었다며 근위대 대장인 세야누스에게 나랏일을 맡기고 카프리섬에 틀어박혔지요.

권력을 휘두르는 황제들

황제의 자리가 탐났던 세야누스는 티베리우스가 후계자로 삼은 게르마니쿠스의 아들들을 모함해 반역죄라는 누명을 씌웠어요. 게르마니쿠스의 아들들은 유배지에서 자살하거나 감옥에서 굶주려 죽었어요. 티베리우스는 세야누스의 만행을 뒤늦게 알아차렸어요. 게다가 소 드루수스 역시 세야누스의 손에 독살당했다는 사실까지 알게 되었지요.

티베리우스는 분노를 금치 못했어요. 세야누스는 물론이고 조금이라도 연관된 인물은 가차 없이 목숨을 빼앗았어요. 로마 시민들은 티베리우스를 불쌍하게 여기기는커녕 냉혹하고 잔인하다고 비난했어요.

칼리굴라와 클라우디우스

새로운 황제가 나타났어요

기원후 37년, 티베리우스가 세상을 떠나자 게르마니쿠스의 셋째 아들인 칼리굴라가 뒤를 이었어요. 칼리굴라의 본명은 가이우스 카이사르인데, 어렸을 때 아버지를 따라 군대에 머물며 작은 군화인 칼리굴라를 신고 다녀서 그런 별명이 붙었지요. 칼리굴라는 황제에 오르자 시민들에게 무료 급식을 제공했어요. 검투사 경기와 전차 경주도 다시 개최해 로마 시민들의 얼굴에는 간만에 웃음꽃이 피었어요.

또한 지방 곳곳을 방문해 주민들의 민심을 다독였어요. 칼리굴라가 가는 곳마다 로마 시민들이 모였고 그를 열렬히 환영했어요.

38년에는 로마에서 화재가 일어났는데 칼리굴라는 화재로 집이 무너진 이재민들에게 신속히 보상 대책을 마련해 주었어요. 그리고 로마의 도로와 성벽, 신전을 수리하고 안정적으로 물이 공급되도록 수도교 2개를 건설하기 시작했어요. 파르티아 왕조차 칼리굴라의 즉위를 반기면서 친교를 청했어요. 로마 시민들은 아우구스투스 시대의 번영을 다시 누리게 되었다며 칼리굴라를 칭송했답니다.

칼리굴라는 신이 되고 싶었어요

칼리굴라는 즉위하고 몇 개월 뒤에 원인을 알 수 없는 고열과 두통으로 쓰러졌어요. 로마인들은 칼리굴라가 몸져누웠다는 이야기를 듣자 밤새 궁을 에워싸고 신들에게 기도를 올렸어요. 누군가는 황제 대신 자신이 죽겠다고 신에게 맹세하는 현수막을 내걸었어요. 수도 로마와 이탈리아 본토는 물론이고 속주 곳곳에서도 황제의 회복을 바라는 기도가 이어졌어요.

권력을 휘두르는 황제들

마침내 칼리굴라가 자리를 털고 일어났어요. 로마인들은 거리로 뛰쳐나가 춤을 추었어요. 그런데 칼리굴라의 행동이 달라졌어요. 신처럼 보이려고 제우스를 흉내 낸 모습으로 사람들 앞에 나타난 거예요. 머리와 수염을 황금빛으로 물들이고 벌거벗은 상반신에 맨발 차림으로 원로원에 등장하자 의원들은 입을 다물지 못했어요. 때로는 포세이돈이라도 되는 듯 삼지창을 들고 나타나기도 했지요.

나는 그대들의 응원으로 다시 살아난 포세이돈이다.

황제와 원로원이 맞섰어요

로마 원로원은 티베리우스가 카프리섬으로 떠난 이후 10년 동안 황제 없이 마음대로 로마를 다스렸어요. 그러다 갑자기 나타나 권력을 휘두르는 칼리굴라를 못마땅해했어요. 칼리굴라는 원로원이 장악하던 화폐 발행처를 황제의 속주로 옮겼어요. 또한 원로원이 갖고 있던 몇몇 속주의 총독 임명권도 빼앗았지요.

권력을 휘두르는 황제들

원로원 의원들의 불만은 높아질 수밖에 없었어요. 심지어 황제를 암살하려는 원로원 의원도 나타났어요. 칼리굴라는 암살을 시도한 원로원 의원과 협력자들을 반역죄로 재판에 넘긴 뒤 사형에 처했어요.
그 이후로 칼리굴라는 자신에게 맞서는 원로원 의원들의 가족을 인질로 삼아 궁에서 살도록 했어요.

인기가 바닥으로 떨어졌어요

칼리굴라가 시시때때로 개최한 검투사 경기와 전차 경주 때문에 나라의 곳간은 금세 바닥났어요. 그러자 칼리굴라는 황실의 살림살이와 예물은 물론이고 노예까지 팔았어요. 더 나아가 부자들의 유산에 눈독을 들였어요. 원래 로마인들은 자기가 존경하던 사람들을 유산 상속인으로 지명하곤 했어요. 칼리굴라는 유산 상속인 명단에 무조건 황제의 이름을 넣으라고 명령했어요. 그리고 집이나 노예를 상속받으면 팔아서 현금으로 만들었지요. 심지어 땔감에도 세금을 부과하자 로마인들은 칼리굴라가 티베리우스와 다를 바 없다며 실망했어요.

권력을 휘두르는 황제들

원로원 의원들도 차라리 티베리우스가 나았다는 한탄을 할 정도였어요. 그러나 칼리굴라의 위세에 눌려 감히 찍소리도 못 했어요. 특히 칼리굴라의 경호를 맡은 근위대는 무시무시해서 가까이 접근하기도 어려웠지요. 그러던 어느 날 칼리굴라가 갑자기 누군가의 칼에 맞아 죽었어요. 바로 근위대 대장이었지요. 칼리굴라 곁에 있던 아내와 어린 딸도 그 자리에서 죽었어요. 이로써 칼리굴라의 통치는 3년 10개월 만에 끝났어요.

칼리굴라의 숙부가 새로운 황제로 임명되었어요

칼리굴라 암살에 가담한 근위대는 20명 남짓이었어요. 근위대 대장은 칼리굴라의 숙부인 클라우디우스를 임페라토르로 추대했어요. 기원후 41년에 원로원은 클라우디우스를 새로운 황제로 선언했어요. 클라우디우스는 근위대 대장에게 황제를 살해했으니 자결하라고 명했고 근위대 대장은 순순히 따랐어요. 근위대 대장이 왜 칼리굴라를 죽이고 클라우디우스를 황제로 선언했는지는 아직 밝혀지지 않았어요.

클라우디우스여, 임페라토르가 되어 주소서.

권력을 휘두르는 황제들

클라우디우스는 몸이 약하고 말을 더듬는 데다 한쪽 발을 질질 끄는 신체적 결함 때문에 일찌감치 황제 후계자 순위에서 밀려났어요. 그렇지만 아우구스투스는 클라우디우스가 지닌 훌륭한 인품과 비상한 머리를 알아보고 각 분야의 인재들로부터 수업을 받도록 했지요. 그 결과 황제가 된 클라우디우스는 칼리굴라의 암살로 비롯된 위기 상황을 잘 헤쳐 나갔어요. 로마는 금세 안정을 되찾았어요.

권력을 휘두르는 황제들

황제의 권한이 더욱 커졌어요

50세의 늦은 나이에 황제가 된 클라우디우스는 속주를 존중하지 않으면 로마가 제대로 굴러갈 수 없다고 판단했어요. 따라서 갈리아 지도자들의 후손을 원로원 의원으로 임명했어요. 또한 원로원이 관리하던 국고를 재무관이 담당하도록 법을 바꿔 곡물 공급과 수도와 운하, 항구 관리까지 황제가 직접 맡았어요. 자신이 효과적으로 나랏일을 처리할 수 있도록 내각을 개편한 거예요. 황제의 권한은 강화되었고 원로원은 힘을 잃었지요. 뿐만 아니라 클라우디우스는 오스티아 항구를 건설해 무역을 하며 곡물의 가격을 안정시켰어요. 공업 발전에도 힘을 쏟았고요. 로마 시민들은 예전보다 싼 가격으로 밀과 공산품을 구입할 수 있었어요.
클라우디우스는 브리타니아★의 광물과 목재를 차지하려고 5만여 명의 로마군을 동원해 브리타니아 전쟁을 일으켰어요. 직접 로마군을 이끌고 전투를 벌인 결과 브리타니아 왕들로부터 항복을 받아 냈지요.

★**브리타니아** 고대 로마 시대에 오늘날 영국의 그레이트브리튼섬을 이르던 말이에요.

폭군 네로

클라우디우스는 칼리굴라의 여동생과 재혼했어요

클라우디우스의 세 번째 아내는 연인을 황제 자리에 앉히려고 음모를 꾸미다가 반역죄로 체포되어 처형당했어요. 클라우디우스가 고른 네 번째 아내는 조카인 율리아 아그리피나였어요.

아그리피나는 두 살짜리 어린 아들을 키우고 있었어요. 몇 년 뒤, 숙부인 클라우디우스와 재혼하게 되자 어린 아들인 네로를 데리고 궁으로 들어왔어요. 클라우디우스에게는 브리타니쿠스라는 친아들이 있었어요. 그러나 아그리피나의 바람은 네로가 황제가 되는 것이었지요.

권력을 휘두르는 황제들

아그리피나는 클라우디우스를 구슬려 네로를 양자로 삼게 했어요. 그런 뒤 클라우디우스의 딸인 옥타비아의 약혼자를 모함해 파혼시켰어요. 그러고는 네로를 옥타비아와 결혼시켜 클라우디우스의 사위로 만들었지요.
네로는 클라우디우스의 양자에 이어 사위까지 되면서 지위가 탄탄해졌어요. 그러던 어느 날, 클라우디우스는 평소 즐겼던 버섯 요리를 저녁 식사로 먹고 잠자리에 들었다가 한밤중에 사망했어요. 로마 시민들은 아그리피나가 독버섯을 먹였다고 쑥덕였지요. 아그리피나는 근위대를 움직여 브리타니쿠스 대신 네로를 황제로 만들었어요.

네로가 황제 자리에 올랐어요

로마의 다섯 번째 황제가 된 네로를 향해 근위대는 임페라토르라고 외쳤어요. 원로원은 근위대가 네로를 지지했다는 소식을 듣자 네로에게 모든 권력을 주었어요. 고작 17세의 황제가 로마를 다스리게 된 거예요.

원로원 회의에 참석한 네로는 아우구스투스의 정책을 본받아 의원들의 특권을 보장하겠으며 자신은 군대 지휘권만 갖겠다고 선언했어요. 또한 재판에 개입하지 않고 원로원의 자유를 보장하겠다고 하자 원로원 의원들은 네로를 열광적으로 환영했어요.

권력을 휘두르는 황제들

로마는 한동안 별일 없이 잘 굴러갔어요. 활달하고 총명한 네로는 로마인들로부터 인기를 끌었어요. 그런데 네로가 즉위한 지 1년이 지났을 때 어머니와 사이가 틀어졌어요. 아그리피나는 클라우디우스의 어린 아들인 브리타니쿠스가 네로보다 훨씬 낫다며 비난했어요.

네로는 황제 자리에서 밀려날지도 모른다는 두려움에 브리타니쿠스를 독살했어요. 주변 사람들이 독살을 의심하자 네로는 브리타니쿠스가 병으로 죽었다고 둘러댔지요. 그러고는 그의 시신을 서둘러 화장한 뒤 묻었어요.

네로와 어머니의 갈등이 깊어졌어요

네로의 아내 옥타비아는 검소하고 성품이 착해서 로마 시민들의 존경을 받았어요. 그러나 네로는 친구의 아내인 포파이아에게 반해서 옥타비아와 이혼하려고 했어요. 아그리피나는 이혼 이야기를 듣고 펄펄 뛰었어요. 옥타비아는 아우구스투스의 혈통을 이어받아 네로의 정통성에 큰 도움이 되었으므로 아그리피나는 네로와 옥타비아의 이혼을 찬성할 수 없었지요.

권력을 휘두르는 황제들

화가 난 네로는 어머니 곁을 지키던 친위대를 철수시키며 압박했어요. 그런데도 어머니가 계속 이혼을 반대하고 꾸짖자 네로의 증오심은 커졌어요. 궁리 끝에 네로는 어머니를 없애기로 결심했지요. 네로는 화해를 바라는 듯 어머니를 배로 초대했어요. 잠시 후 네로와 측근들이 아그리피나를 남기고 자리를 뜨자 배가 바로 가라앉았어요. 그러나 수영 실력이 뛰어났던 아그리피나는 헤엄쳐서 강을 빠져나와 집으로 돌아갔어요. 네로는 그 소식을 듣자마자 암살단을 보내 어머니를 살해했어요.

아무리 수영을 잘해도 나의 검은 피할 수 없지.

네로의 악행과 사치는 계속되었어요

네로는 어머니를 죽인 뒤 어떻게든 옥타비아와 이혼하려고 했어요. 그러다 포파이아가 자신의 아이를 임신하게 되자 옥타비아에게 이혼을 선언했어요. 곧이어 누명까지 뒤집어씌워 섬으로 유배를 보냈어요. 분노한 로마인들은 옥타비아의 초상화를 들고 구호를 외치며 대규모 시위를 벌였어요.

"죄 없는 황후를 복귀시켜라."

네로는 옥타비아를 데려와 재혼하겠다고 선언하고는 잔혹하게 죽였어요.

게다가 네로는 사치가 심했어요. 특히 장미를 좋아해서 장미 향수로 분수를 만들었으며 향수 바른 새가 실내에서 날아다니도록 했어요.
네로의 사치에 들어간 비용은 로마군 1년 유지비의 몇 배에 이르렀어요. 그 비용을 속주에서 거두다 보니 속주 주민은 늘어나는 세금에 허덕였지요. 때때로 부자들을 유죄로 판결한 뒤 재산을 빼앗기도 했어요. 당연히 사람들의 불만은 커져 갔어요.

나, 네로에게 걸맞은 완벽한 향이야.

수도 로마가 불탔어요

64년 7월, 로마 경기장 근처에서 불이 났어요. 불은 도시 전체로 퍼져 나가 6일 만에 수그러드는 듯했으나 바람에 불씨가 살아나서 다시 사흘 동안 수많은 건물을 태웠어요. 100만 명 넘게 살던 로마에서 수십만 명이 집을 잃고 만 명 이상이 사망했지요.

로마인들은 네로를 의심했어요. 네로가 로마는 너무 지저분하고 촌스럽다며 죄다 허물어 버린 뒤 새롭게 단장해야 한다고 입버릇처럼 말했으니까요.

네로는 의심을 벗고자 크리스트교 신자들에게 죄를 뒤집어씌웠어요. 고대 로마의 역사가인 타키투스는 네로가 크리스트교 신자들을 십자가형에 처하고 화형시키는 등 온갖 잔혹한 방법으로 처형했다고 기록했어요. 게다가 네로는 불이 난 곳에 황금 궁전을 짓도록 지시했고 그 비용을 마련하려고 세금을 대폭 늘렸어요. 네로의 이런 행동은 수많은 이들의 분노를 샀어요. 생명까지 위태로운 지경이 되자 네로는 스스로 목숨을 끊고 말았지요.

로마 이야기 배움터

네로의 노래

네로는 리라를 연주하며 자작시를 지어 흥겹게 노래하곤 했어요. 황제가 된 지 10년째에는 나폴리의 야외 극장에 수수한 차림으로 등장해 땀을 뻘뻘 흘리며 노래를 불렀어요. 그러고는 자신이 황제가 아니라는 듯 직접 땀을 닦기도 했대요. 그리스의 올림피아에서 개최된 올림피아 제전에서는 가창 대회에 출전했어요. 관중들은 앞에서 박수를 치고 환호성을 질렀지만 뒤돌아서서는 네로의 행동이 품위가 없고 수치스럽다며 수군거렸지요.

★**올림피아 제전** 제우스 신을 기리며 4년마다 지내던 제사로, 끝난 뒤에 경기 대회를 열었는데 후에 근대 올림픽 경기로 발전하였어요.

네로는 로마를 떠나 1년 넘게 그리스를 여행했어요. 그리고 그리스 각지에서 제전을 열게 한 뒤 음악 대회마다 출전했어요. 주최자들은 네로의 비위를 맞추느라 황금 월계관을 수여했어요. 네로는 그리스인들의 박수갈채에 감동했는지 로마의 지배를 받고 있던 그리스인들에게 자유를 약속하기도 했답니다.

로마 이야기 놀이터

아우구스투스 이후 등장한 황제들은 마음대로 권력을 휘두르며 로마인들을 쥐락펴락했어요. 로마 황제와 관련된 설명을 살펴보고 알맞은 것끼리 연결해 보세요.

티베리우스

칼리굴라

무역 발전에 힘을 쏟았으며 오스티아 항구를 건설해 곡물의 가격을 안정시켰어요.

자신이 원하는 인물을 먼저 제시하고 원로원이 동의하는 방식으로 관리를 등용했어요.

클라우디우스	네로

제우스와 포세이돈을 흉내 낸 모습으로 사람들 앞에 나타났어요.	크리스트교 신자들을 온갖 잔혹한 방법으로 처형했어요.

네로 황제가 죽은 뒤, 로마는 번영과 쇠퇴를 겪었어요. 1년 동안 네 명의 황제가 즉위했고 그중 세 명이 비참한 죽음을 맞이했어요. 로마인끼리 서로 창과 칼을 겨누기도 했고 이민족이 로마로 쳐들어왔으며 속주민들은 걸핏하면 반란을 일으켰지요. 그렇게 나락으로 떨어지던 로마가 극적으로 다시 일어선 것은 지혜로운 다섯 황제가 다스리는 5현제 시대가 시작되면서부터였어요.

혼란으로 가득 찬 시기

갈바가 황제로 등장했어요

68년, 네로가 사망하고 몇 달이 흘렀어요. 에스파냐에 주둔한 로마군이 속주의 총독인 갈바를 황제로 내세웠어요. 원로원은 그 소식을 듣자 갈바를 얼른 일인자로 인정했어요. 갈바는 명문 귀족이고 어마어마한 부자였으므로 원로원과 로마인들, 특히 병사들의 기대가 컸어요. 원래 로마의 황제들은 즉위할 때 고생했던 병사들에게 상여금을 줬거든요. 그러나 욕심쟁이 갈바는 한 푼도 내놓지 않았어요.

로마의 흥망성쇠

로마인들의 기대는 금세 실망으로 바뀌었어요. 심지어 갈바는 바닥난 국고를 다시 채워야 한다며 네로에게 받은 선물을 다시 내놓으라고 다그쳤어요. 뿐만 아니라 로마 병사들에게 인기가 높았던 루푸스 사령관을 내쳤어요. 루푸스에게 황제 자리를 빼앗길까 봐 두려웠거든요. 그러자 게르만 지역에 주둔한 로마군들이 갈바에 대한 충성을 거부했어요. 그리고 또 다른 사령관인 비텔리우스를 황제로 추대했어요.

오토가 반란을 일으켰어요

한편 수도 로마에서는 오토가 반란을 일으켰어요. 오토는 원래 갈바를 적극적으로 지지하며 황제로 밀어줬던 인물이에요. 그런데 갈바로부터 철저히 무시당하자 복수를 다짐했어요. 얼마 뒤 오토는 근위대의 힘을 빌려 황제로 추대받았어요. 갈바는 오토의 반란 소식을 듣자 궁을 빠져나와 몸을 피했어요. 그러나 근위대 병사들에게 발각되어 살해당했지요. 갈바가 로마를 다스렸던 기간은 고작 4개월이었어요.

로마의 흥망성쇠

오토는 원로원의 승인을 얻어 황제가 되었으나 군인들의 지지를 받는 비텔리우스 때문에 불안했어요. 혹시 전쟁이 벌어질까 봐 비텔리우스에게 공동 황제를 제안했어요. 그러나 비텔리우스가 딱 잘라 거절하고 이탈리아반도로 쳐들어오자 오토는 어쩔 수 없이 나가서 싸워야 했어요. 결과는 비텔리우스의 승리로 돌아갔지요.
오토는 황제가 된 지 3개월 만에 스스로 목숨을 끊었어요.

비텔리우스가 로마를 차지했어요

"죽은 적의 냄새는 달콤하다."

비텔리우스는 이렇게 말하며 수도 로마로 진격했어요. 원로원은 재빨리 비텔리우스를 황제로 인정했어요. 비텔리우스는 오토의 부하들을 원래의 근무지로 돌려보내고 근위대를 해산한 뒤 자신이 이끌던 게르만 병사들로 빈자리를 채웠어요. 그 결과 창과 칼로 무장한 라인강 군단 6만여 명이 로마를 장악했어요. 오토를 물리치고 황제가 된 비텔리우스는 무능하기 짝이 없었어요. 그저 먹고 즐기는 데만 관심을 쏟을 뿐 부하들이 행패를 부려도 신경 쓰지 않았지요.

로마의 흥망성쇠

이에 도나우강에서 국경선을 지키던 도나우 군단이 지휘관 베스파시아누스를 지지하며 비텔리우스의 라인 군단과 맞붙었어요. 전투에서 승리를 거둔 도나우 군단은 로마로 진격했어요. 비텔리우스는 황제의 자리를 내놓겠다고 선언한 뒤 숨어 지냈으나 도나우 군단에 발각되어 처형당했지요. 이튿날 베스파시아누스가 황제로 임명되었어요. 이렇게 로마에 있어 69년은 한 해에 네 명의 황제가 나타났으므로 '4황제의 해'라고 불렸어요.

로마 이야기 배움터

로마 제국의 국경선이 된 라인강과 도나우강

로마 제국이 최대로 늘어난 시기는 트라야누스 황제가 통치했던 시대로, 국경선이 무려 5천 킬로미터나 되었어요. 오늘날 영국 북부의 대서양 연안에서 시작해 유럽과 흑해와 홍해를 지나 북아프리카를 가로지르고 소아시아까지 뻗어 나갔지요. 로마군은 제국의 방어선으로 산맥보다는 강을 선택했어요.

라인강과 도나우강 근처엔 얼씬도 하지 마!

에스파냐

아프리카

평민 출신 황제가 최초로 등장했어요

베스파시아누스의 아버지는 세금 징수원이었어요. 별 볼 일 없는 가문에서 태어난 베스파시아누스는 군인으로 시작해 법무관을 지냈고, 몇 년 뒤 유대 속주를 통치하다 비텔리우스를 몰아내고 최초로 평민 출신의 로마 황제가 되었어요. 그는 네로의 궁전을 헐고 원형 경기장인 콜로세움을 지었어요. 폭군인 네로 혼자 사용하던 장소를 로마 시민에게 돌려준다는 뜻이었지요. 콜로세움은 로마를 상징하는 건축물이 되었어요.

로마의 흥망성쇠

로마를 다시 굳건히 하려면 돈이 필요했어요. 그러나 네로가 사치를 부린 탓에 국고는 바닥을 드러내고 있었지요. 베스파시아누스는 세금을 매기는 대신 여러 가지 묘안으로 국가 재정을 튼튼하게 만들었어요. 그중 하나가 유료 공중화장실이었어요. 그렇다고 공중화장실을 이용하는 사람에게 돈을 받는 건 아니었어요. 가죽을 다듬을 때 소변이 필요한 가죽 가공업자들에게 공중화장실에서 모은 소변을 팔았어요. 소변으로 돈을 번다는 것 때문에 베스파시아누스는 놀림을 당했지만 눈 하나 깜짝하지 않았어요.

티투스가 왕위를 이었어요

베스파시아누스의 큰아들인 티투스는 아버지를 따라다니며 브리타니아와 게르마니아 지역에서 적과 싸웠어요. 특히 유대인들이 일으킨 유대 전쟁 때는 총지휘관이 되어 예루살렘을 함락시켰어요. 그는 로마로 돌아와서 유대 전쟁을 승리로 이끈 기념으로 개선식도 하고 황실 근위대의 지휘를 맡기도 했지요. 아버지와 공동으로 통치하며 호민관 권한을 부여받았고 몇 차례 집정관에 올랐어요.

로마의 흥망성쇠

베스파시아누스가 79년에 세상을 떠나자 티투스는 바로 황제가 되었어요.
티투스는 검투사 시합을 자주 개최했을 뿐만 아니라 어느 누구도 반역죄로
처벌하지 않겠다고 선언해 로마 시민과 원로원의 박수를 받았어요.
1년 뒤 로마에 사흘 동안 대화재가 발생하자, 티투스는 팔을 걷어붙이고
로마 재건에 앞장섰어요. 하지만 안타깝게도 황제의 자리에 오른 지 2년 만에
열병으로 죽었지요. 그러자 동생인 도미티아누스가 그 뒤를 이었는데
도미티아누스는 권위적인 통치 방식으로 원로원과 사이가 틀어졌어요.
결국 황제에 오른 지 15년 만에 궁중 관리들의 음모로 살해당했어요.

5현제의 번영

5현제 시대가 시작되었어요

도미티아누스가 암살되고 몇 시간 뒤에 원로원은 네르바를 황제로 선포했어요. 사실 네르바는 나이가 66세나 되었고 자녀가 없는 데다 내세울 만한 정치 경력도 없었어요.

96년에 네르바가 로마의 제12대 황제에 오르자 원로원 의원들은 두 팔을 벌리며 반겼어요. 네르바는 세력이 약해서 원로원 의원들의 눈치를 볼 수밖에 없었거든요. 그는 원로원 의원들을 결코 사형에 처하지 않겠다고 공개적으로 선언했으며 감옥에 갇히거나 추방당한 의원들을 사면했어요. 로마 시민들은 네르바가 도미티아누스 암살과 관련이 있다고 의심했지요.

로마의 흥망성쇠

네르바는 로마 시민들의 지지를 얻기 위해 안간힘을 썼어요. 근위대 병사는 물론이고 로마 시민에게도 돈을 뿌렸어요. 또 가난한 사람들에게는 토지를 나눠 줬으며 상속세를 면제했어요. 네르바가 가진 또 다른 약점은 후계자가 없다는 거였어요. 후계자를 정하지 않으면 황제의 위치는 불안해질 수밖에 없거든요. 따라서 군대와 로마 시민의 지지를 받는 인물 중에서 전투 경험이 풍부한 트라야누스를 후계자로 삼았어요. 네르바는 황제에 오른 지 16개월 만에 세상을 떠났어요. 역사가들은 황제와 원로원이 평화롭게 지내던 시기라고 평가했지요.

로마 시민 여러분, 그동안 애쓰셨습니다!

로마의 영토가 커졌어요

98년 1월에 네르바가 사망하자 트라야누스는 비교적 순탄하게 로마 황제가 되었어요. 집정관 가문의 트라야누스는 로마의 속주에서 태어났어요. 로마군 장교로 활약하다가 사령관을 거쳐 게르마니아 속주 총독이 되었으며 군인들 사이에서 인기가 높았어요. 트라야누스는 원로원과 협조하며 가난한 집안의 자녀들을 챙겼고 농촌을 되살리고자 애를 썼어요.

로마의 흥망성쇠

트라야누스의 가장 큰 업적으로 로마 제국을 최대한 넓혔다는 점을 꼽을 수 있어요. 오늘날의 루마니아 영토에 해당하는 다키아와 아르메니아 왕국을 로마의 속주로 만들었지요. 116년에는 파르티아 제국의 수도를 잠시 함락시켰으나 파르티아군의 반격으로 물러나야 했어요.
이듬해 트라야누스는 로마로 돌아오는 도중에 건강이 갑자기 안 좋아지더니 결국 숨을 거두고 말았어요.

국경이 안정되었어요

트라야누스는 사망하기 며칠 전에 오촌 조카인 하드리아누스를 양자로 삼은 뒤 후계자로 지명했어요. 황제가 된 하드리아누스는 아르메니아를 포기했으며 파르티아 제국과 싸움을 끝내고 평화 조약을 맺은 뒤에는 라인강과 도나우강 국경을 살폈어요. 영토의 확장보다는 국경의 안정을 중요하게 여겼거든요. 하드리아누스는 아프리카와 이집트, 그리스 등 속주 곳곳을 돌아다니며 로마의 세력이 제대로 미치는지 꼼꼼히 확인했어요.

로마의 흥망성쇠

132년 가을, 유대 속주에서 반란이 일어났어요. 시간이 갈수록 반란에 가담하는 세력이 늘어났어요. 게다가 로마군의 식량 보급 역시 제대로 이뤄지지 않았어요. 하드리아누스는 유대인을 쳐부수기 위해 세베루스에게 지휘를 맡겨 4만여 명의 로마군을 이끌도록 했어요. 로마군이 반란을 철저히 진압한 결과 유대인 58만여 명이 죽음을 맞이하고 수많은 이가 노예로 팔렸어요. 하드리아누스는 급기야 '디아스포라'를 시행했어요.

로마 이야기 배움터

디아스포라가 무엇일까?

디아스포라는 '흩어짐'이라는 뜻이에요. 하드리아누스는 유대교도들이 예루살렘에서 사는 것을 금지하며 모두 흩어져 살라고 명령을 내렸어요. 예루살렘이 항상 반란의 중심지가 되었기 때문이에요. 하드리아누스의 디아스포라는 135년에 원로원 의결을 거쳐 시행되었어요.

유대인들은 조국을 잃었으며 그 뒤로 대규모 저항은 자취를 감췄어요. 유대 지역을 떠난 유대인들은 이베리아반도로 이주했어요. 그러나 이베리아반도에서도 탄압을 받자 15세기 말 동유럽으로 옮겨 갔지요. 20세기에 독일의 나치 당이 권력을 얻어 유럽 곳곳에 영향을 미치며 반유대 정책을 펼쳤어요. 수많은 유대인이 다시 이주를 택했고 결국 미국으로 건너가게 되었어요.

제2차 세계 대전 이후 팔레스타인 땅에 이스라엘이 건국되면서 2천여 년 동안 이어진 유대인의 디아스포라는 끝이 났답니다.

5현제 시대가 막을 내렸어요

국경을 관리하고 나랏일을 돌보느라 건강을 해친 하드리아누스는 138년에 세상을 떠났어요. 하드리아누스에게는 아일리우스라는 후계자가 있었는데 하드리아누스가 죽기 몇 달 전에 갑자기 사망했지요. 이에 안토니누스가 황제로 즉위했어요. 안토니누스는 청년 시절부터 반듯하고 성실해 가족과 동료로부터 존경과 사랑을 받았어요. 그리고 하드리아누스의 신임을 얻어 소아시아 속주 총독과 집정관 등 중요한 자리를 거쳤어요. 안토니누스는 대지진으로 파괴된 도시를 다시 세우고 크리스트교 박해를 금지했어요. 그리고 아일리우스의 아들인 베루스와 처조카인 아우렐리우스를 양자로 입양했어요.

안토니우스의 사망 이후 아우렐리우스가 베루스를 공동 황제로 지명했어요. 베루스는 아르메니아 왕국을 점령하는 등 전쟁터에서 활약하다 병으로 사망했어요. 아우렐리우스는 모든 이들을 공평하게 대하는 훌륭한 성품의 황제였지요. 그러나 180년에 병으로 쓰러져 목숨을 잃었어요. 아우렐리우스가 죽으면서 현명한 다섯 황제가 다스리던 5현제 시대는 막을 내렸어요. 로마는 바람 앞의 촛불처럼 다시 위태로워졌어요.

로마의 위기

황제가 검투사처럼 행세했어요

아우렐리우스가 사망하자 아들인 콤모두스는 게르만족과 벌이던 전쟁을 멈추고 로마로 돌아와 황제가 되었어요. 그런데 누이인 루킬라가 몇몇 가족과 뜻을 모아 콤모두스를 암살하려다 실패했어요. 콤모두스는 이 일로 충격을 받아 과대망상과 불안 증세에 시달렸지요. 그는 이 사건과 관련된 사람들을 처형한 뒤 근위대 대장에게 나라를 맡기고 향락에 빠져 살았어요.

로마의 흥망성쇠

콤모두스는 스스로를 신이라고 주장하며 헤라클레스처럼 사자 가죽을 머리에 쓰고 곤봉을 손에 쥔 채 돌아다녔어요. 또한 검투사라도 된 듯 아침마다 훈련을 빠트리지 않았어요. 급기야 검투사 숙소에서 지내며 검투사로 살겠다고 선언하기에 이르렀지요. 주변에서 말리자 콤모두스는 모두 사형에 처하라고 명령을 내렸어요. 보다 못한 측근들은 콤모두스를 암살했으며 원로원은 콤모두스의 기록을 모두 지워 버리는 기록말살형을 시행했어요.

내가 바로 헤라클레스다!

99

황제 자리를 두고 옥신각신 다퉜어요

콤모두스 이후 황제에 오른 페르티낙스는 3개월 만에 근위대 대장에게 암살당했어요. 근위대 대장은 돈을 받고 원로원 의원인 디디우스에게 황제 자리를 팔아넘겼어요. 이런 혼란 속에서 판노니아 총독과 시리아 총독이 스스로를 황제라고 불렀어요. 그러다 판노니아 총독인 세베루스가 전투에서 승리했고 디디우스는 황제에 오른 지 2개월 만에 처형당했지요.
황제가 된 세베루스는 권력을 군대에 의존했으므로 군사의 수를 늘리고 급료를 대폭 올렸어요. 그리고 군대를 앞세워 로마인과 원로원을 억눌렀어요. 세베루스는 황제가 된 지 18년째 되던 해에 두 아들, 카라칼라와 게타를 후계자로 지명하고 브리타니아 원정을 떠났다가 죽었어요.

로마의 흥망성쇠

공동 황제가 된 카라칼라와 게타는 사이가 점점 멀어졌어요. 결국 카라칼라는 어머니 앞에서 동생인 게타를 살해하고 단독 황제에 올랐어요. 그리고 게타를 지지한 황족과 원로원 의원, 장군, 철학자 등 수천 명을 무자비하게 죽였지요. 그러고는 로마인들 사이에서 인기가 떨어지자 대목욕장을 건설하고 군인들의 연봉을 올렸어요. 국고가 금세 바닥나자 카라칼라는 상속세와 노예 해방세를 두 배나 올려서 걷었어요.

황제가 로마에 발도 들이지 못했어요

파르티아 원정을 떠난 카라칼라는 사소한 잘못을 저지른 군단장을 호되게 질책했어요. 그러자 그동안 황제를 안 좋게 생각하던 근위대 대장 마크리누스가 부하를 시켜 카라칼라를 죽였어요. 카라칼라를 싫어했던 원로원은 마크리누스를 황제로 인정했어요. 로마 최초로 원로원 경력이 없는 황제였지요. 마크리누스는 파르티아와 빨리 협상을 맺고 로마로 돌아가고 싶었어요. 그래서 빼앗은 전리품을 돌려주고 황금관을 선물했어요. 심지어 메소포타미아 지방까지 파르티아에 내주었어요.

장교와 병사들은 마크리누스의 비굴한 태도에 분노했어요. 카라칼라의 이모인 마이사는 자신의 전 재산을 팔아 마크리누스의 부하들에게 건넨 뒤, 자신의 외손자 엘라가발루스가 카라칼라의 손자라며 거짓으로 소개했어요. 장병들은 마크리누스에게 실망한 터라 마이사의 말만 믿고 엘라가발루스를 새로운 황제로 추대했어요. 마크리누스는 달아나다가 붙잡혀서 목숨을 잃었고 결국 로마에 발도 들이지 못한 최초의 황제가 되었지요.

거미줄을 수집하는 황제가 나타났어요

14세에 황제가 된 엘라가발루스는 괴팍했어요. 로마인들에게 가나안 지역의 태양신인 바알을 강제로 믿게 했으며 거미줄을 수집했어요. 어마어마하게 큰 목욕탕을 지어서 한 번 사용한 뒤 부순 적도 있었지요. 엘라가발루스의 사치와 향락으로 국고는 텅 비었어요. 외할머니인 마이사는 다른 외손자인 알렉산데르를 후계자로 내세웠어요. 엘라가발루스는 외할머니와 사촌 동생을 죽이려 했으나 실패하고 오히려 살해당했지요. 황제에 오른 지 4년 만이었어요.

로마의 흥망성쇠

알렉산데르는 법학자인 울피아누스가 곁에서 잘 보좌한 덕에 6년간 로마를 훌륭하게 다스렸어요. 그러나 알렉산데르의 어머니인 마마이아가 권력에 눈이 멀어 울피아누스를 살해하고 로마를 쥐락펴락하더니 군사 문제까지 끼어들었어요. 알렉산데르는 게르만족을 무찌르고도 어머니의 뜻에 따라 게르만족에게 돈을 쥐어 주며 평화를 얻으려 했고, 병사들은 분노했어요.
"왜 우리에게 줄 하사금을 적게 주는 거야?"
군단병과 근위대는 반란을 일으켜 막시미누스를 황제로 세웠어요. 그리고 알렉산데르와 마마이아를 살해했지요.

로마 이야기 놀이터

네로 황제가 죽은 뒤 로마는 위기와 번영과 쇠퇴를 차례대로 겪었어요. 아래 그림을 보고 일어난 순서대로 번호를 적고, 빈칸에 자신만의 이야기를 만들어 보세요.

아우렐리우스

트라야누스

파르티아

5현제 이후 군인들의 입김이 세졌어요. 근위대 대장이나 군단장이 마음만 먹으면 황제를 자리에서 끌어내린 뒤 새로운 황제를 세울 수 있었거든요. 급기야 로마 제국의 여러 속주에서 군단의 사령관들이 너도나도 황제를 선언하기에 이르렀어요.

235년부터 시작된 군인 황제 시대는 49년 동안 이어졌는데 황제가 무려 26명이나 되었지요. 로마는 안팎으로 위태로웠어요.

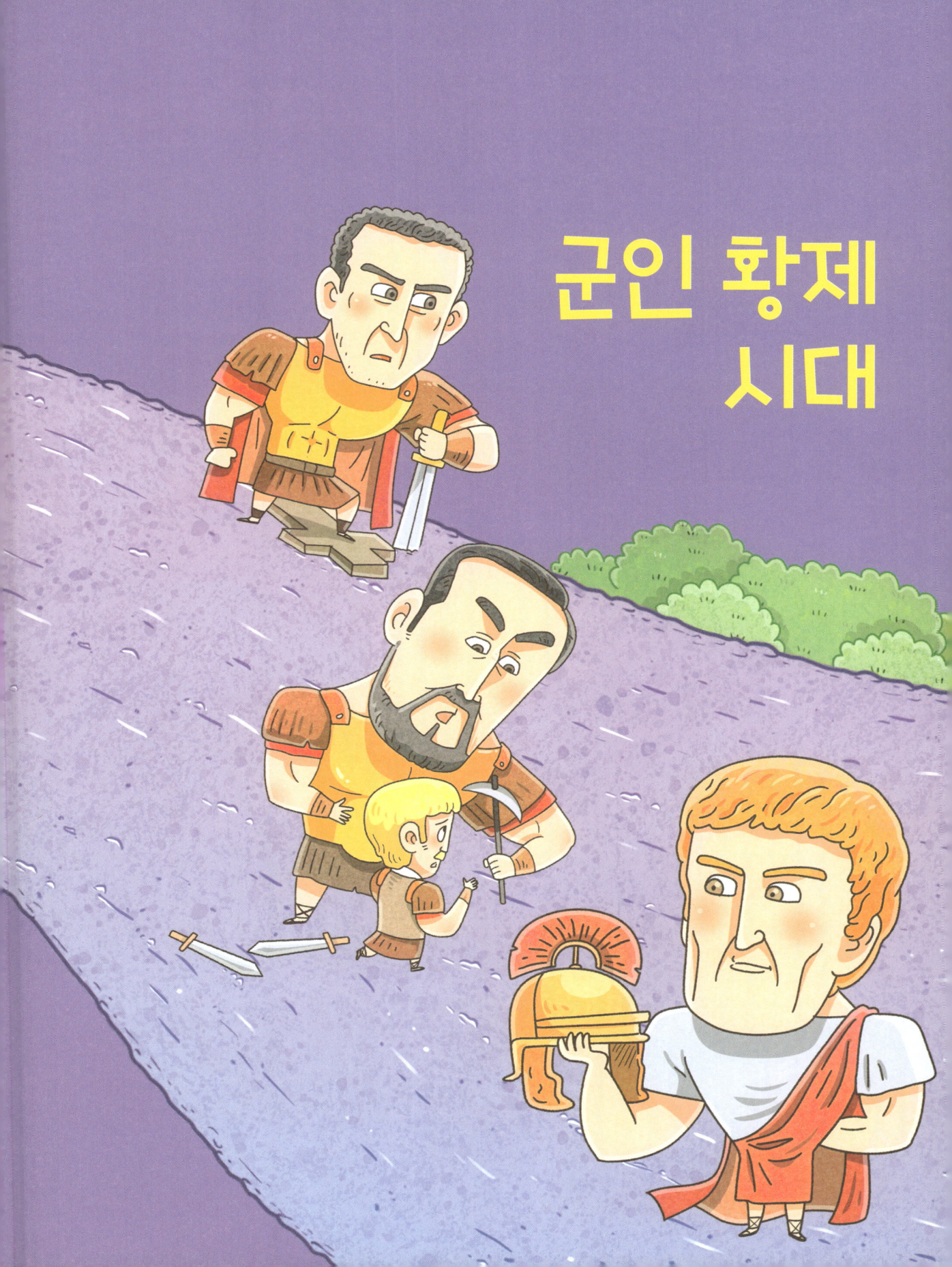

농민 집안부터 아랍 출신까지

군단에서 황제를 정했어요

막시미누스는 농민 집안에서 태어나 일찍이 로마 군단의 병사로 들어갔어요. 교양은 부족했으나 체격이 좋고 용맹한 까닭에 세베루스 황제의 눈에 띄어 근위대로 뽑혔어요. 로마 군단의 병사들은 막시미누스를 믿고 따랐지요. 급기야 막시미누스를 황제로 추대했어요. 반면에 원로원에서는 속주 출신인 막시미누스가 야만족 혈통일지도 모른다며 수군거렸어요. 원로원 의원들은 격이 낮은 막시미누스를 황제로 모신다는 것이 불쾌했어요.

군인 황제 시대

막시미누스는 로마에 가 봤자 원로원의 환영을 받지 못한다는 것을 알았어요. 그래서 로마의 방위선인 라인강에 머물며 게르만족을 무찌르는 일에 전념했어요. 황제에 오르고 3년 동안 승전 소식만 전했어요. 대신 외적과의 싸움에 군자금이 필요하다며 돈을 끊임없이 요구했지요. 로마를 비롯해 여러 속주에서는 가차 없는 세금 징수에 불만이 터져 나왔어요.

농장주들이 새로운 황제를 추대했어요

북아프리카의 농장주들이 세금을 걷으러 온 재무관에게 격렬히 항의하다가 그만 재무관을 죽이고 말았어요. 겁이 난 농장주들은 아프리카 속주 총독인 고르디아누스에게 도움을 청했어요. 심지어 황제가 되어 달라는 제안을 하기에 이르렀지요. 고르디아누스는 400여 년간 원로원 의석을 놓치지 않은 귀족 가문 출신이었어요. 고르디아누스는 자신을 황제로 인정해 달라고 원로원에 편지를 보냈어요. 막시미누스를 황제로 모시기 싫었던 원로원 의원들은 고르디아누스와 아들인 고르디아누스 2세를 황제로 승인했어요.

막시미누스는 그 소식을 듣자 머리끝까지 화가 치밀었어요. 당장 군대를 이끌고 로마로 출발했지요. 그런데 전투는 북아프리카에서 먼저 터졌어요. 누미디아 속주의 총독이 앙숙 관계인 고르디아누스가 황제에 오른다는 사실에 분개한 거예요. 그래서 고르디아누스를 치겠다며 군대를 이끌고 북아프리카의 카르타고로 향했어요. 고르디아누스와 아들은 누미디아 총독과 맞서다가 죽음을 맞이했어요. 곤란해진 쪽은 원로원이었어요. 막시미누스가 로마를 향해 쳐들어오는데 막을 사람이 없었으니까요.

원로원은 공동 황제를 임명했어요

원로원은 집정관을 거치고 군대 경험도 풍부한 푸피에누스와 발비누스를 공동 황제로 내세웠어요. 아울러 고르디아누스의 어린 외손자인 고르디아누스 3세에게 카이사르 직위를 내리며 제3의 황제로 선포했어요. 그리고 막시미누스를 국가의 적으로 선포한 뒤 로마 곳곳에 그 소식을 알렸어요. 기세등등하게 로마로 진격하던 막시미누스는 예상치 못한 벽에 부딪혔어요. 각 도시와 로마인들이 힘을 모아 막시미누스에게 저항했거든요. 막시미누스가 이끌던 병사들은 사기가 바닥으로 떨어졌지요.

군인 황제 시대

막시미누스의 병사들이 선택할 수 있는 길은 하나였어요. 막시미누스를 살해한 뒤 그 머리를 새로운 황제인 푸피에누스에게 바쳤어요. 원로원은 가슴을 쓸어내렸어요. 그렇다고 로마에 평화가 찾아오지는 않았어요. 공동 황제인 푸피에누스와 발비누스가 옥신각신 다퉜거든요. 얼마 지나지 않아 두 황제는 모두 살해당했지요. 남은 사람은 원로원이 카이사르 직위를 내린 고르디아누스 3세였어요. 238년은 막시미누스부터 발비누스까지 다섯 명의 황제가 목숨을 잃은 해였어요.

아랍 출신이 황제가 되었어요

엉겁결에 황제에 오른 고르디아누스 3세는 고작 열세 살이었어요. 원로원은 20명으로 이뤄진 위원회를 구성해 로마를 통치했어요. 특히 근위대 대장인 티메시테우스가 황제의 곁을 지킨 덕분에 어린 황제와 로마는 6년 동안 무사할 수 있었지요. 그런데 티메시테우스는 243년 사산 왕조 페르시아를 공격하러 가던 중 갑자기 사망했어요. 그리고 이듬해 고르디아누스 3세 역시 사산 왕조 페르시아군과 맞서 싸우다가 말에서 떨어져 죽었어요. 로마군은 근위대 대장인 필리푸스를 새로운 황제로 내세웠어요.

필리푸스는 아랍인으로 베두인 부족 출신이었어요. 최초로 아랍 출신 로마 황제가 탄생한 순간이었지요. 황제에 오른 필리푸스는 하루라도 빨리 로마로 돌아가고 싶었어요. 그는 협상 자리에서 사산 왕조 페르시아 왕의 요구대로 북부 메소포타미아를 포기하고 아르메니아 왕국도 넘겨주었어요.

아랍 출신의 황제는 원로원과 그럭저럭 잘 지냈어요. 원로원의 요구를 거의 다 받아 줬거든요. 원로원 의원들은 속으로 아랍 출신이라고 황제를 경멸할 뿐 겉으로는 반감을 드러내지 않았어요.

로마 이야기 배움터

로마에 맞선 사산 왕조 페르시아

사산 왕조 페르시아는 사산 가문의 페르시아인들이 건설한 이란 왕조를 가리켜요. 226년에 세워져서 400년 넘게 지속되었지요. 페르시아의 파르티아 왕조가 로마 제국과 맞서 싸우느라 힘이 빠졌을 때 사산 가문이 세력을 키우기 시작했어요. 사산 가문은 파르티아 왕조를 멸망시키고 새로운 나라를 세웠어요.

점차 막강해진 사산 왕조 페르시아는 로마를 끊임없이 공격했어요. 그리고 동서 무역을 독점하면서 오랫동안 번영을 누렸지요.
서아시아를 장악한 사산 왕조 페르시아는 지중해를 지배한 로마 제국과 함께 강대국으로 우뚝 자리 잡았어요. 그 뒤로 약 400년 동안 사산 왕조 페르시아와 로마의 대결은 이어졌고, 결국 사산 왕조 페르시아는 동로마 제국과 전쟁을 치르면서 점차 쇠퇴해 갔어요.

로마의 분열

고트족이 쳐들어왔어요

248년, 로마 건국 천 년째 되던 해에 고트족이 로마의 방위선인 도나우강을 건너 마을을 공격해 물건을 약탈하고 주민들을 포로로 붙잡았어요. 로마의 병사들과 주민들은 필리푸스 황제가 야만족에게 복수해 주기를 바랐지요. 하지만 필리푸스는 오랫동안 원로원 의원을 지낸 데키우스를 도나우강에 파견했을 뿐이에요. 장병들은 필리푸스에게 실망감을 금치 못했어요.

반면에 데키우스는 제 몫을 완벽하게 해냈어요. 최선을 다해 도나우강을 방어한 덕분에 그 후로 1년 동안 고트족은 얼씬도 못 했지요.

군인 황제 시대

장병들은 데키우스를 찾아가 황제가 되어 달라고 부탁했고, 데키우스는 이를 받아들였어요. 데키우스가 군대를 이끌고 로마로 쳐들어온다는 소식을 들은 필리푸스는 이기기 어렵다고 판단해 목숨을 끊었어요.

황제가 된 데키우스는 도나우강 방어선을 새롭게 정비하고 로마 군대뿐만 아니라 사회에도 엄격한 규율을 적용했어요. 그중 하나가 크리스트교 탄압이었어요. 도시와 마을마다 위원회를 설치해 로마의 신들에게 제사를 드렸다는 증명서를 발급했어요. 로마인은 로마 신에게 참배한 뒤 크리스트교를 믿지 않는다고 선언해야 했지요.

황제들이 전사하거나 포로로 붙잡혔어요

데키우스는 크리스트교 탄압을 마무리 짓지 못했어요. 고트족이 또다시 도나우강을 건너 침범했기 때문이에요. 그는 혹시 모를 일을 대비해 두 아들을 공동 황제로 임명한 뒤 큰아들을 데리고 고트족을 무찌르러 떠났지요. 그리고 늪지대에서 전투를 벌이다가 큰아들과 함께 전사했어요. 이민족과의 전쟁에서 전사한 최초의 황제가 되었어요. 이에 로마에 남은 둘째 아들인 호스틸리아누스가 황제에 올랐으나 안타깝게도 전염병으로 사망했어요. 그러자 여기저기서 황제를 추대하기 시작했지요.

군인 황제 시대

마침내 게르마니아 총독인 발레리아누스가 로마 황제가 되었어요. 발레리아누스는 크리스트교 탄압 정책을 이어받아 주교를 처형하고 크리스트교 신자의 재산을 빼앗았지요. 한편 북쪽에서는 여전히 고트족이 쳐들어왔으며, 동쪽의 사산 왕조 페르시아도 호시탐탐 로마 속주를 노렸어요. 발레리아누스는 넓은 제국을 혼자서 통치하기란 불가능하다고 생각했지요. 아들인 갈리에누스를 공동 황제로 임명한 뒤 서쪽을 맡기고, 자신은 동쪽의 사산 왕조 페르시아를 맡아 공격했으나 전쟁터에서 포로가 되었어요. 이에 발레리아누스의 아들인 갈리에누스가 황제에 즉위했어요.

로마가 쪼개졌어요

갈리에누스는 라인강과 도나우강을 방어하느라 정신이 없어서 아버지를 구출할 엄두도 내지 못했어요. 그런 상황에서 게르마니아의 속주 총독인 포스투무스가 오늘날 독일 서부와 프랑스 지역에 갈리아 제국을 세웠어요. 갈리아 제국은 원로원과 집정관, 호민관 제도를 활용하며 로마 제국을 그대로 따라 했지요. 갈리에누스 황제는 갈리아 제국을 쳐부수려다 포스투무스가 라인강을 방어해 주는 편이 낫겠다 싶어서 그대로 두었어요.

군인 황제 시대

비슷한 시기에 로마의 동쪽 속주인 팔미라의 오데나투스가 시리아를 장악했어요. 갈리에누스 황제는 오데나투스에게 동방 속주의 방어를 맡겼어요. 오데나투스는 사산 왕조 페르시아의 공격을 잘 막아 내며 로마의 뜻을 잘 따랐어요. 하지만 그런 점에 불만을 가진 그의 아내 제노비아는 오데나투스가 죽자 로마로부터 독립을 선포했지요. 로마 제국은 서쪽의 갈리아 제국과 동쪽의 팔미라 제국까지 셋으로 나뉘었어요.

기병대 대장이 황제가 되었어요

갈리에누스는 로마를 이민족으로부터 지키려고 이리저리 뛰어다녔으나 로마인들은 등을 돌렸어요. 아버지인 발레리아누스가 사산 왕조 페르시아의 포로로 붙잡혔는데도 구하지 않았기 때문이에요. 로마인들은 로마가 셋으로 쪼개진 것도 갈리에누스 탓이라고 여겼어요. 로마 군단은 갈리에누스를 살해한 뒤 기병대 대장인 고티쿠스를 황제로 세웠어요.

군인 황제 시대

클라우디우스 2세에게 고티쿠스라는 이름이 붙은 이유는 고트족과의 전쟁에서 크게 활약했기 때문이에요. 고티쿠스는 무너져 가는 로마를 안정시키려고 애썼어요. 이런 상황에서 고트족이 걸핏하면 쳐들어오자 고티쿠스는 예전에 포로로 붙잡은 고트족을 도나우강 근처에 정착시켰어요. 땅을 얻은 고트족은 자신의 터전을 지키려고 로마군 대신 열심히 싸웠지요. 안타깝게도 고티쿠스는 황제에 오른 지 1년 반 만에 전염병으로 사망했어요.

127

로마 이야기 배움터

기병대의 입김이 세졌어요

로마군은 주로 갑옷을 입고 칼과 방패를 든 중장 보병으로 이뤄졌어요. 로마 초기에 말을 타고 달리는 기병의 인원은 보병의 인원에 10분의 1도 안 됐어요. 로마가 도시 국가에서 출발했기 때문이에요.

반면에 드넓은 대지에 자리 잡은 북방 이민족은 주로 기병으로 이뤄져 있었어요. 기병으로 구성된 군대는 이동 속도가 빨랐으며 전투력도 강했지요.

처음에 게르만족의 기병대는 수가 많지 않아서 그리 위협적이지 않았어요. 그러나 3세기 중엽에 대규모로 늘어났어요. 우르르 몰려오는 이민족의 기병대와 맞서 싸우려면 로마 군대도 기병대가 주축을 이뤄야 했지요.

로마군은 게르만 군대를 참고해 보병이 아니라 기병 중심의 군대로 바뀌었어요. 그 결과 기병대의 위상이 높아졌으며 기병대 대장 역시 덩달아 입김이 세져서 황제로 추대되는 경우가 늘었어요.

로마의 통합과 이민족

분열된 로마를 하나로 합쳤어요

원로원은 고티쿠스의 동생을 황제로 지명했으나 로마 군단이 원로원의 결정을 거부하고 기병대 대장인 아우렐리아누스를 황제로 추대했어요. 원로원은 어쩔 수 없이 로마 군단의 뜻을 따랐지요. 아우렐리아누스는 뛰어난 지휘 능력으로 전투에서 승리를 거두었어요. 이 기세를 이어 아우렐리아누스는 로마군을 데리고 팔미라 제국으로 원정을 떠났어요. 그리고 순식간에 팔미라 제국을 점령했지요. 팔미라를 다스리던 제노비아는 낙타를 타고 도망치다가 로마 기병대에게 붙잡혔어요. 갈리아 제국의 황제도 아우렐리아누스가 쳐들어오자 항복을 선언했어요.

군인 황제 시대

이렇게 아우렐리아누스는 로마 제국을 통일했어요. 그런데 지나치게 엄격한 탓에 측근들은 아우렐리아누스를 두려워했어요.

그러던 어느 날, 시종이 잘못을 저질러서 아우렐리아누스에게 호되게 혼이 났어요. 그리고 죽을지도 모른다는 생각에 장교들에게 거짓말을 했어요.

"황제가 우리를 모두 죽이겠다고 했습니다."

장교들은 그 말을 믿고 아우렐리아누스를 살해했어요. 당시 로마의 황제들은 즉위하고 몇 년 지나지 않아 목숨을 잃는 경우가 허다했어요. 따라서 선뜻 황제가 되겠다는 사람이 없었지요.

이민족이 국경을 어지럽혔어요

다섯 달이 지나서야 75세의 타키투스가 황제로 선택되었어요. 타키투스는 경험이 풍부한 원로원 의원으로, 군단의 장병들과도 이야기가 잘 통했어요. 그러나 이듬해 시리아로 향하다가 죽었어요. 로마 군단은 프로부스를 다음 황제로 추대했어요. 프로부스는 아우렐리아누스만큼이나 군대 지휘 능력과 전투 실력이 뛰어난 장군이었어요. 전쟁터에서 늘 승리했으며 누구에게나 겸손하고 너그러웠지요. 원로원과 로마인들을 존중했으므로 원로원 의원들 역시 프로부스를 높이 평가했어요.

군인 황제 시대

한편 게르만족 중에서도 힘이 센 프랑크족이나 반달족은 여전히 국경을 어지럽혔어요. 프로부스는 황제가 되었으나 로마에 발도 들이지 못한 채 도나우강과 이집트, 소아시아 일대를 돌아다니며 이민족을 물리쳐야 했지요. 프로부스의 활약 덕분에 로마의 국경은 안전해졌어요. 5년 뒤에야 로마 땅을 밟은 프로부스는 단지 이민족이 문제가 아니라는 사실을 깨달았어요. 오랜 전쟁으로 농토가 망가져 농민들이 도시로 몰려들고 있었거든요.

병사들이 곡괭이를 들었어요

프로부스는 로마인들이 잘살 수 있는 방법을 궁리한 끝에 포로로 잡힌 게르만족과 슬라브족에게 황무지를 개간하여 살게 했어요. 또한 수많은 병사들에게 밭을 일구고 마을을 손보도록 명령했어요. 전쟁터에서 칼과 창을 휘두르던 병사들로서는 곡괭이질이 아무래도 익숙해지지 않았어요.

군인 황제 시대

병사들의 불만은 높아졌어요. 늪지대를 메우던 병사들 몇몇이 폭동을 일으켜 프로부스를 죽였어요. 근위대 대장인 카루스가 황제를 죽인 자들을 모두 사형에 처하고 혼란을 가라앉혔어요. 이에 장병들은 원로원 의원이자 근위대 대장인 카루스를 새로운 황제로 추대했어요.

군인 황제 시대가 끝났어요

카루스는 자신이 황제가 되었음을 원로원에 알리고 도나우강을 넘어온 게르만족을 물리친 뒤 사산 왕조 페르시아 원정을 이어 갔어요. 마침내 사산 왕조 페르시아 수도를 점령하기는 했으나 갑자기 벼락에 맞아 죽고 말았지요. 함께 원정길에 나섰던 둘째 아들 누메리아누스는 로마로 돌아오는 길에 살해당했어요. 이에 카루스의 장남인 카리누스는 제국의 서쪽을 방어하고 있다가 로마의 황제가 되었어요.

군인 황제 시대

그러나 동방의 로마 군단은 카리누스를 달가워하지 않았어요. 그래서 누메리아누스의 호위 장교인 디오클레스를 로마의 황제로 추대했지요. 로마 군단의 지지를 얻은 디오클레스는 이름을 디오클레티아누스로 바꾸고 카리누스와 결판을 짓고자 서쪽으로 향했어요.

카리누스는 게르만족과 전투를 수없이 벌이면서 쌓아 온 경험으로 디오클레티아누스의 로마 동방군을 밀어붙였어요. 그런데 얼마 지나지 않아 카리누스가 암살당해 양측은 전쟁을 멈췄어요. 결국 카리누스의 병사들은 디오클레티아누스를 황제로 인정했지요.

로마 이야기 놀이터

5현제 시대 이후 49년 동안 무려 26명의 황제가 바뀌는 군인 황제 시대가 이어져 로마는 혼란에 빠졌어요. 다음 두 그림에서 다른 부분 다섯 군데를 찾아 ○ 해 보세요.

디오클레티아누스는 이민족이 자꾸 침입하자 황제를 더 뽑아서 로마 국경선을 방어했어요. 그 결과 잠시 평화를 누리는 듯했으나 이번에는 황제들끼리 로마를 독차지하려고 전쟁을 벌이기 시작했지요. 마침내 콘스탄티누스 황제가 로마를 하나로 통일한 뒤 수도를 동쪽의 비잔티움으로 옮겼어요. 그러나 콘스탄티누스 왕조 이후 로마는 둘로 갈라졌고, 서서히 로마의 종말이 다가오고 있었어요.

제국의 변화

황제의 권력을 강화한 디오클레티아누스

강력한 황제가 등장했어요

284년, 디오클레티아누스가 로마를 통치하며 군인 황제 시대의 혼란을 매듭지었어요. 디오클레티아누스는 하층민 출신으로 입대하여 계속 공을 세웠어요. 누메리아누스가 그의 능력을 인정해 호위 장교로 임명했지요. 누메리아누스의 죽음 이후 병사들의 추대를 받아 황제 자리에 올랐으나 로마의 갖가지 문제들을 떠안아야 했어요.

제국의 변화

이민족은 걸핏하면 방어선을 넘었고 나라의 국고는 텅 비었으며 병사들은 새로운 황제를 자꾸 세웠어요. 디오클레티아누스는 황제 중심의 중앙 집권 정치를 주장했어요. 따라서 공화정의 희미한 흔적마저 깨끗이 지우고 황제 중심의 군주정을 세웠어요.

황제의 명칭도 '제1시민'이라는 뜻의 '프린켑스' 대신 '지배자'라는 뜻의 '도미누스'로 바꿨어요. 디오클레티아누스는 보석이 반짝거리는 왕관을 썼으며 금실이나 은실로 수놓은 옷을 입었어요. 또한 민회의 동의 없이 집정관을 비롯한 모든 관료를 직접 뽑았어요. 반면에 원로원은 몇몇 속주의 총독 임명권까지 황제에게 내놓아야 했지요.

로마를 나눠서 방어했어요

디오클레티아누스는 사방팔방에서 쳐들어오는 이민족을 막으려면 로마를 나눠서 지키는 수밖에 없다고 생각했어요. 따라서 측근인 막시미아누스에게 황제라는 칭호를 내리고 나라의 반쪽을 맡겼어요. 막시미아누스는 갈리아와 에스파냐, 북아프리카 등 서쪽을 방어했으며 디오클레티아누스는 도나우강 방어선을 비롯하여 소아시아와 이집트 등 동쪽을 지켰어요. 막시미아누스는 프랑크족을 격파하고 라인강 동쪽으로 쳐들어가서 이민족을 쫓아냈어요. 또한 갈리아 전 지역의 도적 떼를 완전히 몰아냈지요.

제국의 변화

디오클레티아누스는 도나우강 방어선을 철통같이 막았으며 시리아에 나타난 아랍인들을 쫓아냈어요. 7년 동안 두 황제는 승승장구했지요.
디오클레티아누스는 다시 한번 변화를 꾀했어요. 황제 2명과 부황제 2명으로 이뤄진 '사두 정치'를 시행한 거예요. 사두 정치는 넷이서 각자의 지역을 책임지고 방어하며, 황제와 부황제는 각자 맡은 지역의 총지휘권을 가졌어요. 세월이 흘러 황제가 은퇴하면 부황제가 뒤를 잇기로 정했어요.

로마인들은 죽을 맛이었어요

그런데 이 체제 안에서는 자기 지역의 방어가 무엇보다 중요해졌어요. 로마의 동쪽을 지키는 군대는 서쪽이 위험해져도 신경 쓰지 않았어요. 서쪽을 지키는 군대가 따로 있으니까요. 결국 병사의 수는 두세 배로 늘어났지요. 또한 황제들이 머무는 지역마다 관료들도 필요했어요. 디오클레티아누스는 그 모든 경비를 세금으로 거두었어요. 손바닥만큼 작은 땅에도 토지세를 부과했고 사람 수마다 세금을 내도록 했지요.

제국의 변화

농민들은 농작물을 재배할 넓은 땅이 필요한데 세금을 낼 돈이 없자 마을을 떠나 도시로 향했어요. 게다가 나랏돈을 아껴야 한다며 기술자들을 돈도 주지 않고 부려 먹었어요. 결국 여기저기서 불만이 터져 나왔어요. 디오클레티아누스는 로마인들을 더 강압적으로 다스렸어요. 사는 곳을 마음대로 떠나서는 안 되며, 직업도 대대로 물려받아야 한다고 단호하게 못 박았지요.

크리스트교를 박해했어요

그 당시 로마인 10명 중 1명은 크리스트교 신자였어요. 크리스트교의 세력이 점차 커지면서 성당을 짓는 도시와 마을이 늘었지요. 크리스트교 신자들은 황제 숭배를 거부했어요. 스스로를 신이라고 선언한 디오클레티아누스는 속이 부글부글 끓었어요. 297년에 모든 공직자와 병사는 로마 신에게 재물을 바치고 참배하라는 명령이 떨어졌어요. 명령을 거부하면 사형에 처했어요.

제국의 변화

몇 년 뒤 디오클레티아누스의 크리스트교 박해는 더 가혹해졌어요. 크리스트교를 로마 제국의 적이라고 선언하며 성당을 부수고 재산을 빼앗았어요. 특히 사제나 주교를 끌고 와서 종교를 버리라고 강요했지요. 끝까지 거부하면 사형에 처했어요.

크리스트교가 널리 퍼진 동방 속주에서 반대의 목소리가 높아지자 디오클레티아누스는 군대를 보내 철저하게 진압했어요. 심지어 크리스트교 신자라고 밝혀지면 무조건 붙잡아서 고문했어요.

149

로마 이야기 배움터

디오클레티아누스 목욕장

디오클레티아누스 황제는 8년에 걸쳐 목욕장을 건설했어요. 무슨 목욕탕을 짓는 데 그렇게 오래 걸렸느냐고요? 무려 3천여 명의 인원이 한꺼번에 들어갈 만한 크기였답니다. 목욕장에는 열탕과 온탕, 냉탕은 물론이고 체육장과 도서관, 공연장, 산책로까지 갖춰 있었어요.

디오클레티아누스 목욕장은 단순히 목욕만 할 수 있는 곳이 아니라 로마인들이 책을 읽고 토론을 하며 산책까지 할 수 있는 다목적 공간이었어요. 그로부터 약 천 년의 시간이 흐른 뒤 교황 비오 4세는 목욕장에 성당을 세웠어요. 디오클레티아누스가 목욕장을 건설할 때 동원된 크리스트교 신자 4만여 명을 기리기 위해서였지요.

산타 마리아 델리 안젤리 에 데이 마르티리 성당

황제가 스스로 물러났어요

디오클레티아누스와 막시미아누스가 로마를 다스린 지 20년 만에 갑자기 자리에서 물러났어요. 황제 자리를 두고 피바람이 불지 않기를 바랐거든요. 부황제였던 갈레리우스와 콘스탄티우스가 황제로 승격했어요. 그리고 새로운 부황제로 다이아와 세베루스를 임명했어요. 겉으로는 별문제 없이 사두 정치가 이뤄지는 듯했어요. 그러나 서방 황제인 콘스탄티우스가 원정 도중에 병으로 세상을 떠나면서 후계자 문제는 복잡해졌어요.

제국의 변화

원래 서방의 부황제인 세베루스가 황제가 되어야 마땅했어요. 그런데 콘스탄티누스가 죽은 아버지를 뒤이어 황제가 되겠다고 나섰어요. 그러자 막시미아누스의 아들인 막센티우스도 원로원을 등에 업고 황제가 되겠다고 선포했지요. 결국 황제 자리를 두고 다툼이 벌어져 세베루스가 살해당했어요. 몇 년 뒤 갈레리우스가 세상을 떠나자 막센티우스와 콘스탄티누스, 다이아, 그리고 갈레리우스에 의해 서방의 황제로 임명된 리키니우스까지 각각 황제 자리에 올라 로마를 넷으로 나누었어요. 사두 정치로 로마를 안정시키려던 디오클레티아누스의 꿈은 물거품이 되었지요.

콘스탄티누스 황제와 로마의 통일

콘스탄티누스가 서방 황제로 올라섰어요

312년에 콘스탄티누스는 서방의 또 다른 황제인 막센티우스를 치기 위해 동방의 황제인 리키니우스와 동맹을 맺고 4만여 명의 병사들과 함께 알프스를 넘어 이탈리아반도로 향했어요. 이에 맞선 막센티우스의 병력은 10만여 명에 이르렀지요. 콘스탄티누스가 병사들에게 살인과 약탈을 금지시키자 이탈리아 북부와 중부의 도시들은 순순히 길을 내주었어요.

제국의 변화

이해 10월, 로마 북부의 밀비우스 다리에서 전투가 벌어졌어요. 콘스탄티누스의 병사들은 라인강을 지키며 전투 경험을 쌓았으므로 아주 노련했지요. 막센티우스 군대는 콘스탄티누스 군대의 적수가 되지 못했어요. 그래서 다리를 건너 한꺼번에 후퇴하다가 수많은 병사뿐만 아니라 막센티우스까지 강물에 떨어져 죽었어요. 로마 시민과 원로원은 콘스탄티누스를 로마 서방의 유일한 황제로 추대했어요.

크리스트교를 공식적으로 인정했어요

크리스트교는 디오클레티아누스의 박해 이후에도 퍼져 나갔어요. 이에 콘스탄티누스는 313년에 밀라노 칙령을 발표해 크리스트교를 공인했어요. 밀라노 칙령은 신앙의 자유를 인정하며 다른 종교와 마찬가지로 크리스트교를 널리 알리는 것을 허락하는 내용이었어요. 온갖 박해를 받았던 크리스트교 신자들로서는 대단한 특혜나 다름없었지요.

제국의 변화

콘스탄티누스는 그동안 국가가 빼앗은 교회의 재산을 돌려주고 자신의 주머니를 털어 교회를 짓는 데 돈을 보탰어요. 몇 년 뒤에는 소아시아의 니케아에서 회의를 열어 여러 가지 교리를 정리해 크리스트교의 토대를 마련했지요. 훗날 콘스탄티누스는 세례를 받고 로마 황제 최초로 크리스트교 신자가 되었어요. 크리스트교 신자들은 콘스탄티누스에게 황제를 높여 이르는 '대제'라는 칭호를 부여했어요.

로마는 다시 하나가 되었어요

콘스탄티누스는 동방의 황제인 리키니우스와 여동생을 결혼시켰어요. 콘스탄티누스와 리키니우스가 손을 잡자 동방의 또 다른 황제인 다이아는 불안해졌어요. 그래서 리키니우스가 통치하는 속주로 쳐들어갔으나 전투에 패배하고 사망했지요. 콘스탄티누스와 리키니우스는 로마를 둘로 나누었어요. 그러나 둘의 동맹은 오래가지 못했어요. 사소한 일로 옥신각신하던 끝에 콘스탄티누스가 2만여 명의 병력을 이끌고 쳐들어갔어요. 리키니우스 군단은 3만 5천여 명이었는데도 콘스탄티누스 군단의 기병대를 막아 내지 못했어요. 리키니우스가 발칸반도의 속주로 도망치자 콘스탄티누스가 끝까지 쫓아갔어요. 리키니우스는 결국 항복했으며 이듬해 반란죄로 처형당했지요. 324년, 콘스탄티누스는 통일 로마 제국의 황제가 되었어요.

수도를 비잔티움으로 옮겼어요

콘스탄티누스는 다신교★ 문화와 공화정의 잔재가 남아 있는 로마 대신 비잔티움에 새로운 수도를 건설하기로 결정했어요. 비잔티움은 땅이 비옥하고 부유한 소아시아뿐만 아니라 문화 중심지인 그리스와 가까웠어요. 그리고 아시아와 유럽 사이에 자리 잡은 교통의 중심지였지요. 또한 사산 왕조 페르시아 국경과 맞닿아서 전쟁이 벌어지면 당장 달려갈 수 있었어요. 사방이 뻥 뚫려 자주 침략당하던 로마에 비해 비잔티움은 동쪽과 서쪽이 바다로 둘러싸여서 북쪽의 육지만 방어하면 되는 곳이었어요.

★**다신교** 다양한 신의 존재를 믿는 종교 형태를 말해요.

제국의 변화

콘스탄티누스는 비잔티움을 로마 제국의 새로운 수도로 선포하고 대공사에 착수했어요. 324년부터 330년까지 6년 동안 비잔티움에 성벽을 세우고 웅장한 궁전과 원형 극장, 공중목욕장 등 화려한 건축물을 지었어요. 성벽에는 황금으로 만든 성문을 세웠어요.
비잔티움은 콘스탄티노폴리스라는 이름으로 불렸는데 '콘스탄티누스의 도시'라는 뜻이 담겨 있답니다.

★콘스탄티노폴리스 '콘스탄티노플'이라고도 불러요.

비잔티움에서 새로 시작하자!

새로운 변화를 일으켰어요

콘스탄티누스는 크리스트교 성직자에게 세금을 매기지 않았으며 성직자들이 개인적으로 재산을 갖는 것을 승인했어요. 또한 검투사 시합을 금지시키고 십자가형을 교수형으로 바꿨어요. 태양신의 날인 일요일에는 모두 쉬어야 한다는 법령도 내놓았지요.

제국의 변화

당시에는 나라에 내야 할 세금이 어마어마했는데 콘스탄티누스는 가난한 집에서 아기가 태어나면 오히려 돈을 지원해 주었어요. 또한 남의 땅에서 일하는 농민들은 다른 곳으로 옮기거나 다른 직업을 갖는 것을 금지했어요.

세 아들에게 로마를 물려주었어요

337년에 콘스탄티누스가 사망하자 첫째 아들이 수도 콘스탄티노플을 차지했으며 둘째 아들은 동방을, 셋째 아들은 아프리카와 마케도니아, 그리스를 통치하게 되었어요. 그러나 세 사람 모두 불만이 많았어요. 로마 제국을 삼등분하여 통치한 지 3년도 되기 전에 전쟁이 벌어졌어요. 장남인 콘스탄티누스 2세가 자신의 몫이 부족하다며 셋째인 콘스탄스 1세의 영토로 쳐들어갔지요. 이 전투에서 콘스탄스 1세가 승리해 제국의 3분의 2가 넘는 영토를 10년간 통치했어요.

제국의 변화

350년, 콘스탄스 1세가 반란군의 손에 목숨을 잃게 되자 둘째인 콘스탄티우스 2세가 반란군을 몰아내고 로마 제국 전체를 차지했어요. 그리고 사촌 동생인 율리아누스를 부황제로 선포한 뒤 갈리아를 맡겼어요. 후에 콘스탄티우스 2세의 사망으로 황제가 된 율리아누스는 사산 왕조 페르시아 원정 도중 전사했어요. 이렇듯 콘스탄티누스가 이뤄 낸 왕조는 57년 만에 막을 내리고 말았지요.

로마의 최종 분할

테오도시우스가 황제에 올랐어요

군 지휘관들은 후임 황제로 발렌티니아누스를 추대했어요. 황제가 된 발렌티니아누스는 동생 발렌스를 공동 황제로 임명해 동방을 다스리게 했지요. 발렌티니아누스가 사망한 뒤에는 아들인 발렌티니아누스 2세가 서방의 황제가 되었어요. 몇 년 뒤에 발렌스가 죽자, 테오도시우스 장군이 동방의 황제로 추대되었어요. 고트족과 반달족 등 이민족을 물리친 공로를 인정받았기 때문이에요.

제국의 변화

테오도시우스는 게르만족을 철저히 막아 내고 사산 왕조 페르시아와 평화 조약을 체결해 나라를 안정적으로 이끌었어요. 아울러 서방의 어린 황제를 안전하게 보호했어요. 테오도시우스는 392년에 크리스트교를 나라의 국교로 삼았어요. 크리스트교 신자가 아니면 공직에 나올 수 없다는 법령까지 만들었지요. 서방 황제인 발렌티니아누스 2세가 암살되자 테오도시우스는 군대를 이끌고 반란군을 쳐부쉈어요. 그리고 로마 제국의 유일한 황제가 되었지요. 반란군을 진압하는 과정에서 병을 얻은 테오도시우스는 두 아들을 동방과 서방의 황제로 임명하고 세상을 떠났어요.

로마 이야기 배움터

테살로니키 학살

390년, 그리스의 테살로니키에서 로마군 수비 대장이 주민들과 다투던 중에 집단 폭행으로 목숨을 잃었어요. 테오도시우스 황제는 격분해 철저한 보복을 지시했어요. 당시 밀라노의 주교인 암브로시우스가 테오도시우스를 말렸지만 아무 소용이 없었고 7천여 명의 테살로니키 주민들이 학살당했지요.

암브로시우스는 보복 행위를 비난하며 테오도시우스가 성당에 들어오는 것조차 막았어요. 황제는 자신의 명령이 잘못이었음을 시인하고 베옷 차림으로 밀라노 대성당으로 가서 사죄했어요. 결국 성탄절이 되어서야 테오도시우스는 용서를 받을 수 있었지요. 최고 권력자인 황제와 성직자의 갈등은 이후 권력과 종교의 대립을 암시하는 사건이었어요.

밀라노 대성당

이 사건으로 종교가 정치권력까지 넘보게 되었어.

서로마와 동로마로 나뉘었어요

395년, 테오도시우스가 두 아들에게 로마를 물려주고 눈을 감은 뒤 로마는 동서로 완전히 나뉘었어요. 장남인 아르카디우스는 로마의 동쪽과 수도인 콘스탄티노플을 13년 동안 다스렸어요. 그렇지만 실권을 쥐고 동로마를 지배한 것은 황후였어요. 소심하고 무능한 아르카디우스는 서고트족이 반란을 일으켜 동로마의 영토를 짓밟는데도 아무 대책을 세우지 못했어요.

제국의 변화

테오도시우스의 차남인 호노리우스는 11세에 서로마 제국의 황제가 되어 브리타니아와 갈리아, 이탈리아, 아프리카에 이르는 영토를 통치했어요. 그러나 이민족의 잦은 침입으로 갈리아를 지키는 것이 어려워졌어요. 뿐만 아니라 이민족이 이탈리아반도까지 자꾸 쳐들어오자 서로마는 제국의 수도를 라벤나로 옮겼지요. 그 뒤로 서로마 황제들은 허울만 남게 되었고, 군단의 지휘자들이 실질적인 통치자가 되었어요.

게르만족이 몰려왔어요

4세기 무렵, 흑해 유역에서 평화롭게 살던 게르만족에게 큰 위기가 닥쳤어요. 유목민인 훈족이 서쪽으로 이동하며 게르만족을 압박한 거예요. 훈족은 중앙아시아에 살던 흉노의 후손인데 용맹하고 무자비한 전사들로 소문이 자자했어요. 흑해 지역의 게르만족은 훈족을 피해 서로마 제국의 영토로 너도나도 밀려들었어요. 이를 '게르만족의 대이동'이라고 부른답니다.

제국의 변화

처음에 게르만족의 이동은 평화롭게 이뤄졌어요. 서로마 제국도 게르만족에게 땅을 내주어 정착하도록 도왔지요. 그러나 게르만족이 끊임없이 이동해 오자 서로마 제국이 군대를 앞세워 막았어요. 게르만족은 서로마 제국과 격렬하게 맞선 끝에 서유럽과 지중해 연안, 아프리카 등지에 정착했어요.

크리스트교의 권위가 높아졌어요

452년, 결국 무시무시한 훈족이 기병 10만여 명을 이끌고 서로마까지 침공했어요. 황제는 당황해 덜덜 떨기만 했지요. 로마인들은 당시 교황이었던 레오 1세에게 도움을 청했어요. 레오 1세는 황제의 사절단이 되어 훈족의 지도자인 아틸라와 만났어요. 아틸라는 레오 1세와 만난 이후 웬일인지 군대를 이끌고 철수했어요.

제국의 변화

이 일로 레오 1세의 권위는 순식간에 높아졌어요. 로마 시민들은 레오 1세가 나라를 구했다고 입을 모아 칭송했어요. 레오 1세는 결국 로마의 수호자로 이름을 날린 교황이 되었어요. 그 이후 교황은 도시와 농촌 곳곳에 강력한 힘을 발휘하면서 종교뿐만 아니라 정치에까지 권위를 떨쳤어요.

서로마가 멸망했어요

수도를 동로마의 비잔티움으로 옮긴 이후로 서로마는 서서히 기울었어요. 경제 사정은 나빠졌고 국경을 지킬 만한 병력도 부족했어요. 결국 서고트족이 로마군을 무찌르더니 정착할 땅을 요구했어요. 서로마 황제가 요구를 들어주지 않자 로마 도시를 약탈했어요. 서로마는 어쩔 수 없이 서고트족에게 땅을 내주고 말았지요. 서고트족은 오늘날 프랑스의 아키텐 지방에 서고트 왕국을 건설했어요.

제국의 변화

얼마 뒤에는 프랑크족과 앵글로·색슨족, 반달족 등이 잇따라 침입해 정착함에 따라 서로마의 영토는 이탈리아반도만 남게 되었어요. 그런 상황에서 게르만족 출신의 로마 용병 대장인 오도아케르가 반란을 일으켰어요. 476년, 오도아케르는 서로마 제국의 황제를 끌어내린 뒤 이탈리아반도를 지배했어요. 서로마 제국은 역사 속으로 사라지고 말았지요.

동로마 제국은 약 천 년 동안 이어졌어요

동로마 제국은 서로마 제국이 멸망한 뒤에도 천 년 가까이 유지되었어요. 그러나 로마 고유의 라틴 문화는 점차 사라지고 그리스 문화가 널리 퍼져 나갔지요. 역사가들은 동로마 제국을 '비잔티움 제국'이라고 부른답니다. 비잔티움 제국은 황제 중심의 중앙 집권 체제를 갖추었고 수도 콘스탄티노플은 세계 최대의 무역 도시로 자리매김했어요. 건축에서는 성스러운 느낌을 주는 화려한 색채의 모자이크를 특징으로 하는 비잔티움 양식이 발달했는데, 성 소피아 대성당을 대표적으로 꼽을 수 있어요.

제국의 변화

6세기 초, 동로마 제국은 유스티니아누스가 황제에 오르자 전성기를 맞이했어요. 서로마 제국의 옛 영토였던 남유럽과 서유럽의 땅을 되찾았거든요. 또한 7세기 중반 이후에는 이슬람 세력의 공격에 맞서 발칸반도와 소아시아를 지켜 내기도 했어요. 그러나 11세기 이후 귀족과 교회가 토지를 거의 다 차지하면서 농민층이 몰락했어요. 곧이어 국가 통치력과 군사력까지 약해지며 내리막길을 걸었지요.
1453년, 결국 동로마 제국은 오스만 제국의 공격으로 멸망했어요.

로마 이야기 배움터
성 소피아 대성당의 변신

오늘날 최고의 비잔티움 건축물로 꼽히는 성 소피아 대성당은 유스티니아누스 황제의 명령에 따라 1만 명 이상의 인력이 동원되어 약 5년에 걸쳐 세워졌어요. 성당의 벽은 예수와 마리아, 천사, 황제 등의 모습을 모자이크로 꾸며 놓았지요. 유스티니아누스는 화려하고 웅장한 성 소피아 대성당이 솔로몬이 지은 성전을 능가했다며 이렇게 외쳤어요.
"솔로몬이여, 내 그대를 이겼노라!"

그런데 오스만 제국에 멸망한 뒤로 성 소피아 대성당은 이슬람 사원으로 사용되었으며 이름은 아야 소피아로 바뀌었어요. 종과 제단이 제거되었고 예수와 마리아, 천사 등을 표현한 모자이크 대부분이 회반죽으로 덮였지요. 이슬람교의 상징물까지 추가되었고요. 그러다 1935년에 어느 종교에도 속하지 않게 박물관으로 사용했는데 2020년 다시 이슬람 사원으로 바뀌었어요. 튀르키예의 이스탄불에 가면 변신을 거듭한 아야 소피아를 눈으로 직접 확인할 수 있답니다.

아야 소피아

로마 이야기 놀이터

로마 제국에 대해 살펴본 내용으로 보드게임을 해 보세요. 주사위를 던지고 나온 수만큼 말을 움직여요. '미션'을 해결하면 점수를 얻고, 해결을 못 하면 0점이에요. 도착점에 가서 점수를 더한 뒤 순위를 정해요.

준비물: 주사위, 말

출발 →

1 로마는 ○○○에서 제정으로 바뀜
3점

2 로마 제국의 첫 번째 황제는?
10점

3 앞으로 세 칸 가기
5점

도착 ↑

19 세 칸 뒤로 가기
3점

18 동로마 제국의 다른 이름은?
10점

로마 제국

17 황금 점수
5점

16 서로마 제국을 멸망시킨 민족은?
10점

15 초성 퀴즈
ㅋㅅㅌㅌㄴㅅ
10점

14 황금 점수
5점

정답

▼ 38~39쪽

▼ 72~73쪽

▼ 106~107쪽

▼ 138~139쪽

▼ 182~183쪽

〈그림으로 보는 로마 이야기〉 시리즈는 전 5권입니다.

1권 도시 국가 로마
2권 공화정과 포에니 전쟁
3권 개혁과 노예 반란
4권 공화정의 몰락
5권 로마 제국의 멸망

〈그림으로 보는 세계사〉와 함께 읽어요!

1 공화정 2 아우구스투스 5 콜로세움 8 콘스탄티노폴리스 9 프린켑스
11 테오도시우스 13 군인 15 콘스탄티누스 16 게르만족 18 비잔티움 제국

기원후(A.D.)	
312년	콘스탄티누스, 로마 서방의 황제 즉위
313년	밀라노 칙령으로 크리스트교 공인
324년	콘스탄티누스, 로마 제국의 황제 즉위
330년	콘스탄티누스, 수도를 비잔티움으로 옮김
337년	콘스탄티누스 사망. 로마 제국 3등분
375년	게르만족의 이동이 시작됨
379년	테오도시우스, 로마 동방의 황제 즉위
392년	크리스트교를 로마의 국교로 선포
395년	동로마와 서로마 분리
451년	훈족, 서로마 침공
476년	게르만족의 침입으로 서로마 제국 멸망
534년	유스티니아누스, 〈로마법 대전〉 완성
962년	신성 로마 제국의 성립
1453년	오스만 튀르크에 의해 동로마 제국 멸망

콘스탄티누스

로마 제국 멸망

B.C. 753 ~ 27

로마

기원전(B.C.)

753년	로물루스, 도시 국가 로마 건국
715년	제2대 왕 누마 폼필리우스, 로마의 종교 의례를 제도화함
673년	제3대 왕 툴루스 호스틸리우스, 알바롱가 왕국 통합
641년	제4대 왕 안쿠스 마르키우스, 로마에 수도관 설치. 오스티아 정복
615년	제5대 왕 타르퀴니우스 프리스쿠스, 에트루리아의 기술로 도시 로마 건설
579년	제6대 왕 세르비우스 툴리우스, 인구 조사를 실시하고 군대 개혁
534년	제7대 왕 타르퀴니우스 수페르부스, 카피톨리노 언덕에 신전 건설
509년	왕정에서 공화정으로 바뀜
494년	호민관 설치
493년	라틴 동맹 결성
449년	귀족과 평민의 대립 심화로 성산 사건 발생 로마 최초의 성문법인 12표법 완성
367년	리키니우스·섹스티우스법 제정. 평민 출신 집정관 탄생
343년	제1차 삼니움 전쟁
326년	제2차 삼니움 전쟁
312년	아피우스 가도 건설 시작
298년	제3차 삼니움 전쟁
280년	피로스 전쟁
272년	로마의 이탈리아반도 통일
264년	제1차 포에니 전쟁
259년	로마 해군, 말라이에서 카르타고군을 무찌름
221년	카르타고의 한니발, 이베리아 총독으로 부임
218년	한니발, 제2차 포에니 전쟁을 일으킴
216년	한니발, 칸나에 전투에서 승리
202년	로마의 스피키오, 자마 전투에서 승리
201년	카르타고, 로마와 평화 조약 체결
150년	카르타고, 평화 조약을 어기고 누미디아와 전쟁
149년	제3차 포에니 전쟁
146년	카르타고 멸망
133년	호민관 티베리우스 그라쿠스의 농지 개혁
123년	호민관 가이우스 그라쿠스의 곡물법, 도로법 등 개혁안 추진
111년	유구르타 전쟁. 토지법 공포
107년	집정관 마리우스의 군제 개혁 실시. 지원병제로 전환

카피톨리노 언덕

집정관

삼니움 전쟁

포에니 전쟁

그라쿠스 형제의 개혁

제국 연표 A.D.14 ~ 1453

기원전(B.C.)	
100년	카이사르 출생
91년	동맹시 전쟁 발발
88년	미트리다테스 전쟁. 술라가 집정관에 선출됨
87년	술라와 마리우스의 대립으로 인한 내전
83년	술라의 로마 진격
81년	술라, 독재관에 선출됨. 술라의 공포 정치
73년	스파르타쿠스의 노예 반란
70년	폼페이우스와 크라수스가 집정관에 선출됨
67년	폼페이우스, 지중해에서 해적 소탕
64년	폼페이우스, 시리아 정복
60년	제1차 삼두 정치 형성
59년	카이사르, 집정관 취임
58년	카이사르, 갈리아 속주 총독 부임
53년	크라수스, 파르티아 원정 중 사망
51년	카이사르, 갈리아 전체를 굴복시킴
49년	카이사르, 로마 내전 시작
48년	카이사르, 디라키움 전투 패배 카이사르, 파르살루스 전투 승리 폼페이우스 사망
47년	카이사르, 클레오파트라와 동맹
46년	탑수스 전투 카이사르, 개선식 거행 카이사르, 임기 10년의 독재관 취임
44년	카이사르, 종신 독재관 취임 카이사르 암살 옥타비아누스, 카이사르의 후계자로 등장
43년	옥타비아누스, 집정관 부임 제2차 삼두 정치 형성
42년	옥타비아누스와 안토니우스, 브루투스와 카시우스 격파
40년	삼두, 브린디시 협정으로 로마를 분할 통치
36년	안토니우스, 파르티아 원정
31년	옥타비아누스, 악티움 해전 승리
27년	옥타비아누스, 아우구스투스의 칭호를 받음

기원후(A.D.)	
14년	아우구스투스 사망 티베리우스, 제2대 황제 즉위
37년	티베리우스 사망 칼리굴라, 제3대 황제 즉위
41년	칼리굴라 암살 클라우디우스, 제4대 황제 즉위
43년	로마의 브리튼 침공
49년	클라우디우스, 조카인 아그리피나와 결혼
50년	클라우디우스, 네로를 아들로 입양
54년	네로, 제5대 황제 즉위
64년	로마 대화재 발생. 네로의 크리스트교도 박해
66년	제1차 유대-로마 전쟁
68년	네로 사망
69년	4황제의 해 (갈바 ➡ 오토 ➡ 비텔리우스 ➡ 베스파시아누스)
79년	티투스 황제 계승
80년	콜로세움 완공
81년	도미티아누스 황제 계승
96년	5현제 시대 시작 (네르바 ➡ 트라야누스 ➡ 하드리아누스 ➡ 안토니누스 ➡ 아우렐리우스)
101년	트라야누스의 다키아 원정
117년	로마 제국의 영토가 최대로 확장됨
193년	로마의 황제가 근위대에 피살되는 사건이 연속적으로 일어남
212년	카라칼라 칙령으로 속주민에게도 로마 시민권을 부여
235년	26명의 군인 황제 시대 시작
250년	데키우스 황제의 크리스트교도 박해
260년	갈리아 제국, 로마에서 분리
267년	팔미라 제국, 로마에서 분리
273년	아우렐리아누스, 로마를 통일
284년	디오클레티아누스, 군인 황제 시대를 끝내고 황제 즉위
293년	디오클레티아누스, 사두 정치 시행
303년	디오클레티아누스, 크리스트교 탄압 정책 시행
305년	디오클레티아누스 황제 퇴위